黨產偵探旅行團

不當黨產處理委員會——策劃

鄧慧恩、陳秀玲
白春燕、蔡佩家、陳宇威——撰文

目次

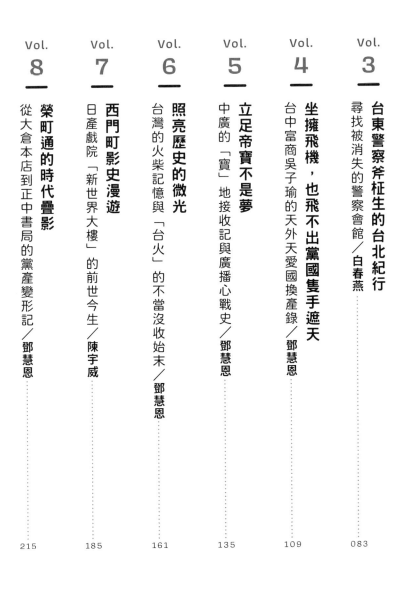

推薦序

生與死的權力治理

——黨國體制與反抗的間隙

李茂生（國立台灣大學法律學院特聘教授）

有次我到濟南路上的一家餐廳吃飯，車停在附近的民營停車場。吃完飯後，去取車時，抬頭一望，原來正處帝寶豪宅的後側。談到不當黨產的問題，大家應該都會提到中廣與帝寶的故事，這已經是達到耳熟能詳的地步。當然本書也會提到帝寶，但更重要的不是國民黨如何接收日產，把日產轉成黨產，進一步通往國庫的橋段，而是這些透過不正義手段獲取的黨產，不僅是黨國一體的體制下獨裁政權斂取財物的道具而已，其更是宰制國民思想與行動的機制。從救國團、新世界、中廣到正中書局，在在刻畫著這些歷史。

當然，〈黨產研究之父傅正與「自由中國」的抵抗〉一文中提到了反抗的可能性，但同時也描述了違反正義的鎮壓歷史。以無法預期的死或其他不利益的賦課造成恐懼，並維持住統治一事，這是死的權力的展現，也是威權時代的一般現象。猶記兒少時期，不聽從家長指令的頑劣兒童，都會被恐嚇說要叫少年隊過來，聽到這句話的兒童，立即會安靜下來聽從成人的教導。而民國五十一年制訂的《少年事件處理法》（其後於民國六十年實施）也明訂不聽從家長的管教而有特定行為者為虞犯，會被司法以「管訓處分」加以糾正。民國八十年我從日本回國任教的當時，甚且還有家長將頑劣子女送到警察單位，請警察代為管教的陋習。這些都是威嚇、恐懼以及服從的歷史印記。

不過，正如〈台東警察斧柾生的台北紀行：尋找被消失的警察會館〉一文中所提及的日治時代警察角色，其除了暴力威嚇以外，另有社政、衛生、經濟、理番等其他功能，當時的「（警察）大人」，不外就是「人民褓母」的代名詞。這就是「生的權力」的展現，與威嚇、順從的「死的權力」同時存在，目標指向生命與生存的維護或提升的權力運作。兩者合而為一，塑造了「生的治理」。

我們可以明顯看出，黨國一體的時代中，並非全然僅有「死的權力」的運作，黨國體制透過黨產的運用，實際上發揮了「生的權力」的功能，一體兩面的權力運作，共同創造了柔軟、從順的國民。只不過，縱然在「生的權力」的層面，仍然可以發現強制與威嚇的痕跡，所以才會被叫做「威權」，一種從上而下的治理模式。

如今透過不當黨產的清算，一一回溯歷史，似乎實踐了轉型正義。然而，在清算的過程中，在還錢於民的過程中，或許我們不應該忘記一件事情，此即「生的治理」是無所不在的，一群人生活在一起，怎可能會沒有事關生命與生存的治理問題。縱然「死的權力」退居背後，或有了另外一種面貌（例如「民主」的司法與行政），而「生的權力」運作躍居第一線，浮上檯面，兩種權力的交叉運作仍舊是沒有變的。

現在國家利用稅金以及其他豐沛的資源，進行統計，發表數據，誘使人民走向標準化或平均化的指標，或甚至操控資訊，塑造人民的共識。有共識即有邊緣的差異，而這些差異又被新型的「死的權力」擠壓到社會邊緣，成為「生的治理」中的垃圾。沒了黨國，沒了赤裸裸的「死的權力」，「生的權力」正在發揮其運作上的極致。所以在反省黨國體制、追索黨產的此刻，我們不應忘記生為人類所擁有的特性，這就是針對治理活動的鬥爭。而碎碎唸，以及不斷地發表「不當」言論，即是民主社會中的最佳鬥爭手段。

推薦序

黨產研究的推動與普及化的意義

薛化元（國立政治大學台灣史研究所教授）

黨產問題在台灣而言，不僅攸關政黨資源取得的合法性與正當性，而且和長久以來的歷史發展有密切的關係。個人對於這一個主題的認識，最早是在康寧祥先生競選台北市議員時的傳單，他在傳單中指出，國家的財產如何被國民黨黨部挪用。傳單的內容給當時還是小學生的我，留下了深刻的印象。

再進一步與黨產研究發生關係，一方面是因為進入大學以後閱讀《自由中國》雜誌，看到了「國庫通黨庫」的種種問題，另一方面則是因為大學畢業以後，好友梁永煌長期從事國民黨黨產的報導與研究的工作，使我對於黨產問題也有了更進一步的認識。

而陳水扁執政時期，曾經試圖開始推動有關不當黨產追討的工作，不過當時朝小野大，法律部分的規範終究有所不足，因此雖然有一定的成果，訴訟時仍常常敗訴。當時除了相關政府部門之外，也有一些學者協助檔案和史料的整理，並參考既有的一些成果，提供政府部門參考。這些成果除了一些宣傳、推廣活動外，當時主要透過網路保存，並提供國人閱覽。不過，網路連結雖然方便，也很容易失效。二〇〇八年政黨再度輪替之後，一夕之間網路上原有的黨產資料便無法連結、閱覽。

二〇一六年政黨再次輪替，與之前不同，民進黨第一次同時取得行政權與立法權的主導權，不再是朝小野大的狀況，透過立法程序完成了《政黨及其附隨組織不當取得財產處理條例》，並進而成立了「不當黨產處理委員會」，台灣對於不當黨產的問題進入了另一個階段。依法成立的黨產會，除了繼續不斷地進行不當黨產的研究，以及不當黨產的追討工作，而且有了法律根據，使得他們工作的合法性更為堅強，在相關法律訴訟層面上，也取得了更好的立足點，使追討不當黨產的工作能夠得到司法體系更多的支持。

相對於此，黨產會也努力地透過學術還有資料的推廣，希望讓人民對於不當黨產問題的歷史脈絡有更進一步的了解，進而對於研究、追討不當黨產可以採取更為支持的態度，甚至提供更多資訊來源的可能。而在《促進轉型正義條例》立法，以及相關政治檔案開放取得的法律依據陸續建構之後，相關檔案的閱覽、取得也進行得更為順利。為了推廣、深化黨產的研究，黨產會除了持續辦理不當黨產相關學術研討會和學術活動，讓更多的學者，特別是新進的研究者，可以接近這個重要的研究場域，並且透過學術審查的基準，建置了《黨產研究》雜誌，作為學術推廣的重要橋頭堡。而針對蒐集而來的大量檔案，則透過選材、解釋的方式，持續出版《檔案選輯》，一方面提供研究者所需要的素材，另一方面則可以讓國人對此一課題也有更多的認識。在某種意義上，除了網路之外，紙本的印製、出版，對於圖書館和資料的保存也有一定的意義。

不過，就推廣或是讓一般人民親近此一領域而言，只是學術的研究似乎仍有所不足，有必要再強化普及既有的研究成果，這就是類似科普的工作。而本書的出版，正是黨產會努力的結果。本書總共有八篇文章，分別是陳秀玲寫的〈尋找黨產與它們的產地：黨產研究之父傅正與「自由中國」的抵抗〉，白春燕寫的〈台東警察斧柾生的台北紀行：尋找被消失的警察會館〉，蔡佩家寫的〈愛國青年養成所：救國團與台灣人的威權青春〉，陳宇威撰寫的〈西門町影史漫遊：日產戲院「新世界大樓」的前世今生〉，以及鄧慧恩大力投入撰寫的四篇文章〈坐擁飛機，也飛不出黨國隻手遮天：台中富商吳子瑜的天外天愛國換產錄〉、〈立足帝寶不是夢：中廣的「寶」地接收記與廣播心戰史〉、〈照亮歷史的微光：台灣的火柴記憶與「台火」的不當沒收始末〉，和〈榮町通的時代疊影：從大倉本店到正中書局的黨產變形記〉。這八篇文章在結構上，是從目前被認為是黨產研究之父的傅正，和他主要的發表園地《自由中國》切入，探討黨產的相關歷史。而後則選取一般國人熟知或年輕時曾經參與活動的社團、重要地標所在地，乃至上市公司的企業，描述它們如何成為黨產以及產權變動的歷程。透過這些故事，可以讓人們更貼近認識不當黨產如何形成，以及在黨產形成過程中，站在民主憲政的角度又有哪些不當甚至不法的狀態。透過這種以史料、檔案為基礎的科普性推廣，相信有助於更多國人認識不當黨產的歷史意義，並且在此一歷史記憶的基礎上，支持不當黨產的追討，同時也避免這樣的事情再次在台灣發生。

薛化元

推薦序

對，這個是，那個也是——記憶裡的不當黨產

朱宥勳（作家）

位於重慶南路上的「東方書局」，一直是我童年裡最愉悅的回憶之一。那時候還在修讀師培學分班，努力從代理教師「升級」為正式教師的母親，必須在寒暑假期間赴台北上課。年輕的母親想必有過苦惱：把生活自理能力低落的小學生我留在家裡一整天，顯然太過冒險；但若要帶著我去大學課堂「旁聽」，又難保年幼的我不會因為無所事事而搗亂起來。

最後，她的選擇是「東方書局」。我至今清楚記得她的叮嚀：「你在這裡看書別亂跑，我們午餐時間會合。」

於是，「東方書局」成了我的安親班。我在書櫃之間遊晃，因為書名或封面隨意抽下一本書，再隨意翻幾頁。喜歡就讀下去，不喜歡就放回書櫃。因為沒有大人在旁，

所以毫無「這本書圖太多了、沒營養」的壓力；因為沒有作業期限，也不會因為要寫「心得感想」而壞了胃口。多年後想來，那應該是我作為一名文學創作者、文學愛好者的啟蒙時刻——我是在那些隨意的假期裡，體會了閱讀的純粹愉悅的。

但我沒想到，我會在這本《黨產偵探旅行團》裡，再次遇到東方書局。（如果你跟我有類似的童年回憶，或者也讀過黃書皮的「亞森．羅蘋」系列，千萬不可錯過本書第八章〈榮町通的時代疊影〉……）原來，東方書局對面的「正中書局」是不折不扣、被黨國徵用的不當黨產；而我所熟悉的東方書局，也承載了一段台灣知識分子與黨國文化政策迂迴競合的歷史。

讀《黨產偵探旅行團》的過程，最令人驚訝感嘆的，恐怕就是不斷浮現「啊，這個是，這個也是……」的那些瞬間。所謂「不當黨產」，並不只是被國民黨所強佔的土地、公司等有形財產，更是這些機關事業、歷史地景所輻射出的種種生活面向。它可能是你青春期常常聚會的ＫＴＶ、是聯考前夕去過的Ｋ書中心、是第一次和異性共舞的營隊活動、是課本裡說過的「國父行館」……也可能是你遊蕩過數十回的重慶南路書店街。

在法律定義上，每一分不當黨產都可以詳列出清單與價碼，釐定出國民黨所強佔的財產多寡。然而，這些「財產」在整個戒嚴時期，卻又不斷以其事業營運，參與了台灣人的生活，滲透進我們每一個人的記憶裡。本書第二章〈愛國青年養成所〉引述了吳叡人極其傳神的、形容救國團的一句話：「我們認識女孩子要經過『黨國』認證的管道，要唱他們認證的歌，玩他們認證的遊戲，最後還要留下他們塑造的美好記憶。換句話說，救國團甚至壟斷了我們的青春。」讀完本書之後，我們或許更會喟嘆：被壟斷的何止青春？生活的方方面面，人們若不受不當黨產之不潔痕跡沾染處，恐怕是所剩無幾的。

無形記憶的無孔不入，正可反過來證明黨國之貪婪無所節制。但也正因為有形黨產與無形記憶交纏難分，這個議題也常充斥著反動的修辭：當我們訴求清算不當黨產、清理歷史脈絡時，總有人會「感覺」自身的青春記憶受到冒犯，而有毫不理性的對抗意識。近一年多來，我因為工作的緣故，每週至少要經過台北市林森南路上的「婦聯會」門口一次，每週都要被它所張掛出來的種種字條、布條、文宣給震驚一次。那是多麼集鄉愿、暴力與愚蠢於一身的實體，簡直應當作為一種負面的無形文化遺產而記錄下來，通通送進歷史博物館之中。

而這本黨產會策劃的《黨產偵探旅行團》，正可視為一次紙上的黨產歷史特展。清華大學台灣文學研究所的鄧慧恩教授，率領陳秀玲、白春燕、蔡佩家、陳宇威等研究者完成了本書，從文史的角度切入，向讀者述說這些有形黨產的無形記憶。黨產之所以成為黨產，並不是「生來如此」，它們往往是日治時期已經存在的公、私產業，但在日本戰敗投降、中華民國接收／劫收的程序裡，從國家財產被陸續「轉帳撥用」成為國民黨的私產。

鄧慧恩教授等執筆的研究者們，採取了「講古」的角度，詳細考證這些「黨產」的前世今生，讓我們看到「黨產是怎麼成為黨產的」——它們曾有的輝煌與意義，它們被覆蓋乃至於被竄改的記憶。在這樣的框架底下，全書八篇文章都有頗為嚴整的體例，引述了大量的文獻來重建歷史現場。但從寫作上來說，我更喜歡的卻是某些紀錄片式的、匠心獨運的細節編排。比如第三章〈台東警察斧柾生的台北紀行〉從一名日本警察的記述開始，寫出了日治時期的警察會館，如何在戰後成為「清洗日本文化」的演說比賽場地，歷史變幻的諷刺一覽無遺；或者在第五章〈立足帝寶不是夢〉的結尾，神來一筆地以仁愛路上的7-11「中廣門市」收束全文：「明明，這附近就沒有中廣。」這些精巧筆法，都使得《黨產偵探旅行團》脫離了冷硬的學術書，而多添幾分非虛構寫作的文學韻味。

而在讀畢全書之後，我們或許也能開始進行自己記憶裡的「不當黨產清理工程」。能數算的財產，可以由法院判賠、歸還給國家；不義的遺址，能夠拆除或者保留成為歷史的印記。但那些在我們沒有意識時，就寫入心底的「記憶裡的不當黨產」，卻唯有透過我們的自我思索，才能逐漸釐清。雖則「有形黨產」的賠還還有漫長的法律攻防要走，但「無形黨產」的漸次清消，更是每個人只能自己面對的「判決」。《黨產偵探旅行團》可以是最好的起點。

推薦序

追求公平正義的漫長旅途

Nagee（圖文漫畫作者）

當我們看到不公義的社會事件，會同情受害者，對加害者感到憤怒。我們期盼受害者得到賠償，惡徒伏法，善惡得到相對的因果報應。如果看到貪贓枉法者逍遙法外，正常人都無法接受，因為追求公平正義，是人的天性。

但如果竊取他人資產的兇嫌，是有特殊政黨背景的個人和團體呢？是否就可以在「不想談政治、拒絕政治化」的政治口號下逃避法律責任？甚至是加害者帶頭先給追究者戴上「製造對立、撕裂族群、煽動仇恨、虛耗社會」的大帽子？

倘若我們接受這種低級政治話術，表示台灣人內心並沒有走出威權時期對黨國的恐懼，和其造成的集體政治失語。這種社會的「急公好義」只是站在不公平的基礎上，「伸張正義」僅限於小善小惡。對鉅額的不義之財，冷眼旁觀；對政治嚴厲的批判和追究，也僅限於沒有整肅威脅的本土民主陣營。對相對民主文明的一方，用聖人的標準嚴格檢視；對威權黨國一路傳承的陋習，卻當成生活日常來接納。這都只會讓台灣社會離公平正義越來越遙遠。

欠錢還錢，天經地義。那麼討論歷史的不公義，追究不當黨產，為什麼會被罵成是綠衛兵、是綠色恐怖法西斯？台灣走過威權時代，已經進入文明法治的社會，更是世界民主國家公認的守護民主陣營的一分子。當資深的文史學者用公開透明、嚴謹專業的證據資料和法律程序還原真相，不當黨產的持有者，應當要誠實回應社會。

一九四九年《懲治叛亂條例》與一九五〇年《戡亂時期檢肅匪諜條例》頒佈，許多地方士紳、產業老闆甚至員工，盡皆遭到逮捕、審訊、關押與處決。只因為有心人士貪圖財產，惡意舉報，把他人大筆的土地和公司充公，分得舉報獎勵。受害者家破人亡，家屬噤若寒蟬不敢抗議，有異議陳情者，也往往遭受恐嚇甚至消失。

以前威權統治時期，人家說「國庫通黨庫，黨庫通內褲」，或說「從銀行搬錢」，都不只是象徵性的比喻。看見喜歡的土地，就圈地，喜歡的公司企業，就佔為己有。今日看到的詐騙搶奪社會事件，官商勾結的圖利貪污，相較於戒嚴時期黨政軍媒一把抓、「黨國控天下」對於資產掠奪鯨吞的規模，根本是牙縫渣等級。

加害者不願面對法律，屢屢為了維護不公義的利益，繼續傷害受害者和社會。甚至本身就是威權政黨的身分，卻做賊喊抓賊地批評責任追究是「威權復辟、政治鬥爭清算」。壓迫者搶著坐受害者的位置，高舉情緒勒索大旗，要大家放下過去，接受他們繼續佔有不義之財，這叫做社會和解？毫無羞恥心、不知反省的既得利益者，如果得到認同，才是給社會帶來最惡劣的示範。

弱勢族群遭受偷竊強盜，甚至被歹徒滅口，社會輿論都會憤怒不已，為何因為歹徒有政治政黨背景，就可以避而不談安全下庄？「竊鉤者誅，竊國者侯」，不該是民主社會應有的樣貌。

法律之前人人平等，因為法律可以保護弱勢，為無法發聲的人申冤。如果我們面對歷史，體制結構性的不公義，選擇視若無睹，任由整個受害者世代在冤屈中消逝，而小偷強盜高枕無憂地享有不義的財產土地，並且世襲傳承特權贓物，默許這樣的存在，絕對是社會的恥辱。這在歐美等文明進步、追求轉型正義的國家看來，是不可思議的。正直的台灣人也不會接受。

不義黨產的金額是天文數字，影響了盤根錯節的既得利益結構，面對拒絕償還勢力的反撲，絕對不同於一般竊賊的力道，那是挾著政黨和媒體的力量，影響群眾的判斷力和情緒，確保能繼續侵佔不公義的資源。面對不當黨產的議題，我們更應該勇敢站出來表達正確的立場。

台灣人當然是善良的，只是長達四十多年的白色恐怖和黨國教育，多數長輩選擇噤聲和遺忘。不要做個遺忘歷史的人，要做有根、有文化的人，才能正確選擇更好的未來。善良之外要能分辨是非，勇敢捍衛公平正義。不要做那種只會自嘲「鬼島」地抱怨，卻不付諸行動、己願他力的人。要做個打造公平正義的社會，以自身土地為榮的台灣公民。

《黨產偵探旅行團》集結了專業的文史工作學者教授進行考察和整理，揭錄了不義黨產的脈絡。把財產歸還給應當所屬的個人和單位，是善良正直勇敢的台灣人必然選擇的道路。

莫忘民主革命家，史明前輩的勉勵：要先做個好的人，才能成為一個好的台灣人。

nagee

作者序

翻開書頁，展開一趟黨產的小旅行

鄧慧恩（國立清華大學台灣文學研究所兼任助理教授）

理解我們所處的環境，也許每個人心裡都有許多地圖圖層。有人是以特色咖啡館的分佈圖作為抒壓的脈絡，有人是以美食餐點的駐在點作為東西南北的方位辨識，巷弄內的獨立書店是許多人心裡的泊港處，博物館、公園、車站、那條街、彼段路，構成了人們心裡的生活區域，一層又一層的圖層套上觸目所及的一切，我們以為那就是我們的城市，我們再熟悉不過的地方。

然而，我們所看到的，真有那麼簡單嗎？

以不當黨產的存在圖層來檢視我們所處的地理環境、生活秩序，也許將揭開另一種不同的體驗。以這樣的發想展開探索，資料極其豐富也極為匱乏，過程極為有趣也極為枯燥，這是一個迂迴卻又直接的遊戲，是一趟驚險無奇的旅行。這些看似矛盾的敘述，都是因為不當黨產目前存在的特質而起：它無所不在，能證明其存在的證據卻斷裂不全，因此身影常是幢幢鬼影，形體搖搖欲墜。建物、土地、公司、廠房變成不當黨產的目的性如此明顯，毫不遮掩，然而手段是疊床架屋，煞有介事，現今讀來，躲藏在公文、信件的字裡行間的算計與模擬，即便經過了那麼多年，依然被貪婪、不義領軍，大搖大擺地走了出來，引得旁觀的歷史不禁發笑——於是，當我們走在我們以為肉眼所見的城市、街道上，這裡、那裡、上面、旁邊、後面原來都是不當黨產，它們以不同的形式出現，在本書中便提到：日治時期的警察會館變成了補習街上的屈臣氏；承載日本和台灣過往歷史的日式旅館梅屋敷，變成了國父史蹟紀念館；台灣放送協會的財產被「轉帳撥用」為中國廣播公司，然後幻化為一般百姓買不起的豪宅旁，一間便利商店的門市名稱；多座戲院變成了西門町由國際品牌進駐的戲院商業大樓；救國團變成了提供青少年能親近山林原野、擴大社交圈的健康形象，實地裡，校園監控、思想控制當然是他們的主要工作。

選定書寫題目後，我邀集幾位研究者與我各自執筆，試圖讓這些議題從種種資料中現身，不但出現在不當黨產委員會進行的調查法律資料、追徵價額裡，也置回歷史脈絡中，與文字接線，讓一個一個的主題輪廓清楚些，再多說點話，讓我們能揣想一下，如果它們沒有變成不當黨產，我們現在所處的環境，會不會有什麼不一樣？非常謝謝參與本書寫作的研究者對我提出的提議，也就是讓文學、歷史能在不當黨產的議題處理上不缺席，落實在當代議題中，因為這幾位執筆者的認真和投入，才能在多次改稿、討論中完成書寫，在此向執筆者致謝。

本書內容為不當黨產處理委員會委託朗活文化有限公司執行的「不當黨產議題延伸之轉譯」委託研究勞務採購案而改寫，作為計畫主持人，要感謝諸位審查委員的意見，以及林聰賢委員與我多次的討論：黨產議題如何能以更貼近公眾的文字來書寫，透過文字實踐將研究轉化為「大眾讀物」的過程，這是本研究案成形的起點，對我個人而言，更是很大的收穫。許有為委員在談笑間化嚴肅議題為平易近人而親切的功力，啟發了進行本案時的諸多靈感。再者，廖斯泙、廖健凱、藍逸丞、王惟聖研究員的支援和諮詢，是莫大的助力。最後，也相當感謝前衛出版社協助出版事宜。

我要特別謝謝幾位朋友：聽我說完中廣的故事就「變」出黑膠資料來一起研究的林太崴、慷慨分享天外天劇場資料與照片的李宜芳，還有在疫情猛爆時忙得不可開交，還是撥空挖出照片來分享的朱家煌醫師。王子碩、王佐榮在圖片授權的協助，聊天時彼此打氣，是度過低潮的良方。也感謝朗活文化的徐元先生對於本研究在日文史料的判讀協助，在研究案進行期間，他再三提示要提供讀者瞭解黨產議題的歷史脈絡，回應社會對瞭解不當黨產的需求，他兼具了初代讀者與鞭策者的角色。

書寫過程中有幾次的口訪或田野調查，時常聽到一句不約而同的話：不當黨產的追討，早就該做了，現在都已經嫌晚了。回顧我自己在閱讀台灣文學、檢視歷史時，也時有延遲之感。

在一個熱得不得了的夏日，我跟著大家走了一趟台北城中，中山南路和忠孝東、西路拉出軸線，裡頭的林森南路、青島東路、濟南路、仁愛路畫出棋盤格，人權教育會提到的不義遺址、不當黨產處址座落其間，一個早上步行可到之處，形成了一面「尋寶圖」，我忍不住想著，遲到固然遺憾，繞路也無妨，至少，跨出了腳步。

現在，翻開書頁，就能以讀者／偵探的身分參加我們的黨產旅行團，只要願意，隨時可以出發，展開一趟黨產的小旅行。

鄧慧恩

Vol.

1

尋找黨產與它們的產地

黨產研究之父傅正與「自由中國」的抵抗

陳秀玲

消失的歷史現場：「自由中國社」員工宿舍

那天上午九點鐘，我剛起床，有人拍大門。女傭打開大門，幾個便衣人員一直走到我房門口。……傅正打開門，也問：什麼事？……同時一群警察從外面湧進來了，湧進傅正的房就關上了門。……彈，彈，藍藍，彈下去。我對她說。……我望著她，心裏想：但願下一代沒有這種恐懼了。

——聶華苓，《三生三世》，頁一五二。

（註：藍藍是聶華苓九歲女兒）

一九六〇年九月四日，聶華苓回憶起那一天，警察湧入抓人的畫面，清晰得彷彿恐怖的空氣還在鼻息間盤旋。她筆下宛如電影情節般的歷史場景，座落在「松江路一二四巷三號」的一棟日式平房，一九四九年，那裡曾是農林部長左舜生的官邸，國民政府後來轉撥給雷震作為「自由中國社」的職工宿舍。

當時，同住在這棟屋裡的雜誌社員工，包括後來因「雷震案」入獄的傅正，還有核心幹部聶華苓、殷海光等人。經過那天的搜捕行動，「自由中國社」被勒令解散，但聶華苓仍繼續住在那棟房子裡，直到一九六四年赴美定居，才開始她新的人生。

事發十年後，雷震於一九七〇年出獄，聶華苓則於一九七四年首次返台，探望當年的老長官，當時仍是政治緊張的戒嚴時期，兩人相見，自然引發高層警戒。為免橫生枝節，他們在聶華苓搭機回美前兩個小時才會面，只是沒想到，那天兩人在雷家巷口的道別，也是對一切人事物的訣別——雷震於一九七九年病逝榮總，而這棟寧靜舒適的日式宿舍，曾是「一所被玉蘭花、蓮霧樹、龍眼樹所環抱的日式木構平房，當年的松江路還是阡陌稻田、白鷺鷥優雅飛掠的一個地方」[1]，漸漸在人聲雜沓中失去了熱

圖 1 ｜當年「自由中國社」員工宿舍舊址「松江路 124 巷 3 號」，位於今日台北捷運「松江南京站」8 號出口附近。
圖片來源：陳宇威

度，那些曾經足以燎原的記憶星火，最終也不敵時光，只能任由新文明的秩序成功盤踞在舊歷史的灰燼上，被迫拆除改建。

原本在二〇〇二年五月二十三日《中國時報》一篇〈雷震故居難保，改以公共藝術留事蹟〉的報導中，有機會讓這棟日式宿舍獲得關注和討論。因為報導中提到的「雷震故居」，便是松江路上的那棟日式建築，警察曾經闖入抓人的現場。而在聶華苓搬走後，雷震的二房妻兒便入住宿舍，雷震女兒雷美琳也曾表示，父親出獄後常到此處見一些黨外朋友，因此，她主張這棟宿舍應可作為「雷震故居」紀念父親事蹟，同時留下台灣民主化的歷史見證。

時任台北市文化局長龍應台接下請願，偕中研院社科所研究員錢永祥、《新新聞》雜誌總編輯南方朔等人到場會勘，但申請案最終沒有通過當局核准。這幢風燭殘年的日式建築，也是唯一僅存的雷震居處，終究難逃被拆除的命運。

二〇一一年，聶華苓回台，帶著當時正在拍攝紀錄片《三生三世》的香港導演陳安琪，以及一九六四年曾到家中作客的作家季季同行，一起回到松江路一二四巷的《自由中國》宿舍舊址。季季隨聶華苓重回舊地，旁觀寫道：「陪聶阿姨回到松江路一二四巷，只見周邊不是工地就是高樓；在巷內走來走去找不到三號，也看不到一幢日式平房。……一個年長的大樓管理員，他出來指著巷口的大樓說，三號已經拆掉了，在那棟大樓底下變成捷運站了……，她有點嘲弄的輕笑了一聲：『嗨，《自由中國》宿舍變成地鐵站了。』」[2]

半個世紀來的鄉愁，瞬間化為回不去的烏托邦，那一聲輕笑，想必是對過往雲淡風清的一笑，既是哀悼，也是道別。然而，身為《自由中國》少數最靠近歷史現場的當事人，也是《自由中國》雜誌編輯委員中最年輕且唯一的女性成員，《自由中國》雜誌社本身的存在，乃至於雷震與其他成員不輕易妥協的傲骨氣節和深厚情誼，必然深刻影響了她的生命與思想。

或許《自由中國》已隨著歷史現場的消失，鄭重而光榮地退場，但他們在上個世紀捲起的風雲，如何在台灣民主進程中留名青史？一則「雷震故居」的請願新聞，顯現了「自由中國社」哪些抵抗的痕跡？又和如今的黨產有什麼關聯？

從《自由中國》到「雷震案」

一九六〇年，那是一九四七年二二八事件發生後的十三年、一九四九年國民政府頒佈戒嚴令十一年後的「白色恐怖時期」，台灣本土菁英傷亡慘重，或者身陷囹圄，即使幸運躲過劫難也噤若寒蟬，失去政治和文化舞台。

但另外一端，中國知識分子組成的社群卻有著相當不同的開展。在台灣實施戒嚴令的一九四九同年，一群堅決反共立場、立志宣揚民主言論、主張自由主義的中國知識分子便共同研議創辦《自由中國》，由核心人物胡適擔任發行人，主持人雷震身兼社長，和殷海光同為主要編輯，譽稱雜誌三巨擘。[3]

《自由中國》創辦初期確實以「擁蔣」、「反共」為目標，和蔣介石等高層人士關係密切，不但深獲國民黨當局支持，還得到台灣省政府及教育部等機關的經費補助，就連軍方也是固定訂戶。在黨國一家的威權體制時期，堪稱是民間唯一浮在檯面上的異議雜誌，其言論地位有絕對的代表性。

看到這裡，不禁使人好奇：《自由中國》這份聽起來明顯帶有官方色彩的雜誌，從創辦成員背景來看，一群來自中國的忠貞國民黨員，站在「政治正確」的浪潮尖頂上，用文字宣揚民主自由的真諦，為何才短短十年光景，就因捲入政治紛爭被勒令停刊？

《自由中國》以挽救國民黨在中國的頹勢為創刊初衷，主張實施民主憲政才能對抗共產黨，一方面教育國內民主思想，另一方面也企圖藉由文字傳播、凝聚海外知識分子的力量，共同建立國際形象和友好關係。

然而隨著國民黨節節敗退，雜誌社也被迫從上海遷移至台北創刊，以雷震為首的

《自由中國》，秉持民間報業應有的覺知和職責，其創刊宗旨乃「要向全國國民宣傳自由與民主的真正價值，並且要督促政府（各級政府），切實改革政治經濟，努力建立自由民主的社會」，「要支持並督促政府，用種種力量抵抗共產黨鐵幕之下剝奪一切自由的極權政治」等。[4]旨文中明確表達《自由中國》將堅守「督促者」和「改變者」的立場，監督對象為「國民政府」，抵制目標為「威權體制」。

創刊初期，《自由中國》炮火猛烈開向共產黨，極力建構民主形象爭取海外支持。但隨著韓戰爆發，毛澤東「抗美援朝（鮮）」，美國轉向支持國民黨，國際關係改善後，促使《自由中國》開始將焦點放在台灣內政的檢討。

但在強人治國、一黨獨大的政治氛圍下，當權者能容許多少「被督促」和「被改變」的空間？雷震、殷海光、傅正等人，眼看蔣介石政權建立「以黨領政」的威權體制，日漸悖離民主自由信仰，站在知識分子的覺察高度，著實不吐不快。

雷震畢業於京都帝國大學，主修憲法，在國民政府時期歷任教育部總務司司長、國民大會副祕書長、行政院政務委員等要職，到台灣後擔任總統府國策顧問，可說是蔣氏政權的核心人物。

但後來發生一件事，讓雷震與黨中央的關係急轉直下，那就是一九五六年十月底前不久出版的「祝壽專號」。那年適逢蔣介石七十大壽，蔣介石表示要「察納雅言」，希望各界以進言代替祝壽。這一群天真的理想主義者，竟然真的直言不諱、暢所欲言，當期〈社論〉諫言政府應選拔繼任人才、確立內閣制，以及實施軍隊國家化等。不料專刊一推出就熱銷九版，引發黨中央的高度警戒。

當時，雜誌社成員多被特務人員盯梢，他們對自身處境並非完全沒有危機意識。例如傅正決定擔任雜誌社編輯時，就曾在日記中寫道：「最後，（雷震）又向我鄭重強調，參加《自由中國》社的工作，要抱定坐牢的決心，以及經得起任何人的拉攏及利誘。」[5]這篇日記，早在被捕前的兩年半（一九五八年二月二十七日）就寫下了，可見他們反而是更堅定作為監督者的角色，站在捍衛言論自由的崗位上放手一搏。

一九六〇年，蔣介石想方設法達成三連任目的，《自由中國》主張不可隨便修憲，並於二月一日總統選舉前夕，發表一篇由夏道平執筆的社論〈敬向蔣總統作一最後的忠告〉[6]，內容不但引華盛頓和邱吉爾為例，極力勸諫蔣介石急流勇退，甚至大膽戳破「反攻復國」的謊言，直言「目前國際形勢的轉變，這種可能性愈來愈小了」。如此激進的言論，著實又踩到掌權者的地雷，乃至埋下蔣介石清理門戶的導火線。

時間來到一九六〇年九月四日，警總閃電逮捕雷震、劉子英、馬之驌和傅正四人。真正壓倒《自由中國》的最後一根稻草，是九月一日出刊由殷海光執筆的社論〈大江東流擋不住〉[7]，文中大力批判蔣介石黨國一體的獨裁統治，呼籲政府落實民主政治，倡議籌組新黨以發揮民主政黨的正常機能。其中的「新黨」，指的便是以雷震、傅正等人為首，結合地方精英和知識分子共同籌組之「中國民主黨」。雷震並在文末以「大江總是向東海奔流」暗喻組黨潮流乃時勢所驅，並非少數掌控國家權力者可以阻擋的。

這群對於國家社會有所洞見、勇於挺身發言的知識分子，奮筆疾書、真知灼見，字字句句戳中當局的敏感神經，突破蔣政府的底線，最終難逃牢獄之災。在社論刊出三天後，當局鐵腕抄家逮人。

雷震籌組反對黨讓蔣介石忍無可忍，十月八日「雷震案」審判前，總統府內曾召開一場祕密會議，由蔣介石親自主持，召集黨政高層商討刑責，下達幾項裁示，包含：「雷之刑期不得少於十年」、「『自由中國』半月刊一定要能撤銷其登記」、「覆判不能變更初審判決」等。[8] 此一「未審先判」果然獲得貫徹，民國四十九年十月十四日判決書記載，主文「明知為匪諜而不告密檢舉」以及「連續以文字為有利於叛徒之宣傳」，判雷震有期徒刑十年、褫奪公權七年。

種種看來似乎已塵埃落定的恩怨是非，逾四十年後，由當時擔任編輯委員的聶華苓在回憶錄《三生三世》書中忠實再現。她描述十月八日當天，警備司令部軍法處不准雷震的律師梁肅戎與其會面，七個半小時的審訊，只根據劉子英片面自白供詞，便以「煽動叛亂罪」宣判雷震十年、劉子英十二年、馬之驌五年有期徒刑，傅正則交「感化教育」三年。

一九八八年，各界發動重啟調查「雷震案」，但本案關鍵證人劉子英卻突然回中國定居。離台前，他寫了一封懺悔信給雷夫人宋英，信中告白當年受軍方脅迫，捏造謊言誣陷雷震的真相。聶華苓感嘆寫下：「原來劉子英和馬之驌是用來誣陷雷震的工具」，兩年後，劉子英死於重慶。

《自由中國》在雷震等人被逮捕後，便面臨停刊、解散的命運，如夜空升起的璀燦煙花，下一刻即沒入無盡的黑。直到新世紀政黨輪替，在時任總統陳水扁指示國防部專案小組徹查下，二〇〇二年「雷震案」才終於得到平反。

「黨產研究之父」傅正

人生是一個遙遠崇高而又艱苦的追求，我應該做我認為對的，直到死為止。我在台灣所追求的，甚至不惜以自由為代價乃至生命為代價所追求的，第一是民主，第二是民主，第三還是民主。除了民主，還是民主。——傅正

《自由中國》編輯群要角、「雷震案」關係人傅正，本名中梅，出生於中國江蘇省，青年時期加入「中國青年軍」投入對日抗戰，因此結識蔣經國，一九四九年隨國民政府來台，直到一九五三年退役。

一九五五年，傅正插班寄讀台灣大學政治系二年級，並開始筆耕針砭時事，曾為香港《自由人》和《自立晚報》撰寫專欄。一九五七年台大畢業後，他正式成為《自由中國》雜誌社成員。

一九六〇年九月四日，雷震、劉子英、馬之驌、傅正等人因「涉嫌叛亂」遭警備總部逮捕入獄，雷震等人以「包庇匪諜、煽動叛亂」罪名被判處十年徒刑，傅正最終因「為匪」事證不足，交付「感化教育」三年懲罰，期滿後又再度聲請交付「感化」牢刑，前後共計六年三個多月。[9] 但這次因參與雷震發起「中國民主黨」籌備小組而遭禍，並沒有讓他就此沉寂，反而讓他投身參與了民進黨的創黨，成為戰後唯一兩次突圍組黨的核心人物。

除了「創黨鬥士」的歷史定位，傅正還有另一個極具歷史意義的身分，那就是近年來被學界冠譽的「黨產研究之父」。

二〇一八年，在「不當黨產處理委員會」主辦的「傅正與黨產研究學術研討會」當中，曾邀請政大文學院薛化元院長以「黨產研究之父：傅正」進行專題演講。這個

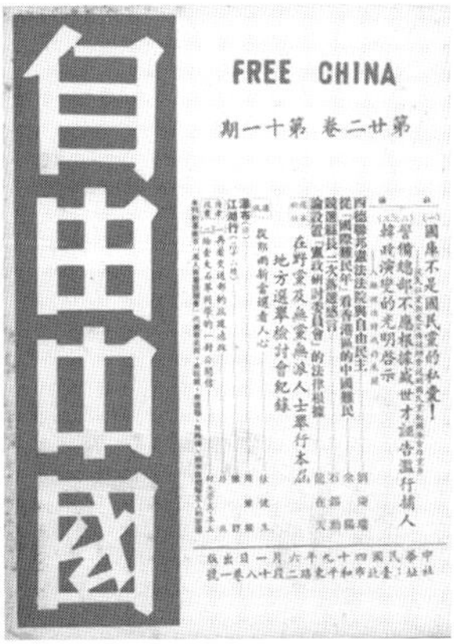

圖 2｜《自由中國》第 22 卷 11 期目錄，傅正黨產研究〈國庫不是國民黨的私囊〉首刊。
圖片來源：不當黨產處理委員會

主題，源自傅正撰寫並刊載在一九六〇年六月一日《自由中國》第二十二卷十一期的社論：〈國庫不是國民黨的私囊——從民社黨拒受宣傳補助費說到國民黨把國庫當作黨庫〉。[10]斗大的標題，直指國民黨把國庫當作自家財庫予取予求，內容更是大膽揭露黨中央如何廣設層層疊疊的產業黨部（例如台灣省黨部、台灣區公路、鐵路、郵電黨部等）以及附屬組織單位（例如國防研究院、青年救國團、文化工作隊等），並透過政府主管單位的權力，公開列入中央預算，甚至直接納入政府機關，大搖大擺端起鐵飯碗、吃起公家飯來。這篇社論，也就此被認為是黨產研究的先驅，更是傅正之所以被稱為「黨產研究之父」的歷史根據。[11]

黨產黑史錄：進口蘋果和馬戲團案

傅正在《自由中國》發表社論〈國庫不是國民黨的私囊〉，大膽提出「不當黨產」

的初始概念，為當今研究提供一份具時代意義的論述基礎。社論中企圖揭櫫與批判的是，中央黨部底下擁有龐大規模如國家級的黨務組織，其營運成本非同小可，以青年救國團每年需要三億元經費推估，國民黨年度開銷至少在十億元以上。但根據中央黨部統計，四十七年度七月至十二月的黨費收入是一百三十餘萬元，試問遠遠超支的經費從哪裡來？傅正給出的答案是：全民買單。

傅正除了指控國民黨將黑手伸進國庫搜刮經費，更把批判觸角延伸至國營事業，特別是從日本政府手中「接收」在地經營五十年的各式經濟產業，可謂是從「一無所有」到「一無所缺」，說是天下掉下來的龐大遺產也不為過。那些到手的無本生意，為之後「以黨領政」的一統時代，賺進大筆的營收，也順理成章由國民（黨）政府獨攬獨享，這就是今日「不當黨產」的不名譽歷史緣由。

「日產」當中原屬私產部分，理應還予原權利人，但國府卻收歸國有，連同國家公產部分，多被國民黨鯨吞蠶食，從「黨營」變「公營」，再造成「獨佔事業」，小至國際、大世界、新世界等電影院，大至中國電器公司、中國廣播公司，都是黨企業旗下的金雞母。凡舉國家建設、交通、媒體、金融、郵電等產業，放眼望去都有黨產的網絡，皆是穩賺不賠的獨門生意。

在黨國一家親的執政脈絡裡，「黨」的地位顯然凌駕在「國」之上，原本屬於全國人民的「日產」財產，一一在桌子底下進行黑市交易。甚至連民生和娛樂也獨攬大權，就如傅正直言：「蘋果的進口、沙糖的出口、馬戲團之類娛樂團體的來台演出等等，也無一不被國民黨利用為搜刮黨費的手段。」

至於黨中央如何施展乾坤大挪移，將日產收歸己有，再用吸金大法，將貿易外匯兌差洗入黨庫？我們就從傅正點名的進口蘋果和馬戲團案，深入爬梳一九六〇年代的黨產黑史。

黨產民生篇：蘋果的滋味

進口蘋果在台灣是相當常見也頗受歡迎的水果，但現代人一定很難想像，一九六〇年代的蘋果不但身價非凡，還是管制物品，不易取得，對一般老百姓而言，根本是遙不可及的聖品。

本土作家黃春明的代表作品〈蘋果的滋味〉，是一篇膾炙人口的小說，也曾被改編為電影。這篇作品，就是以蘋果為主題，透過嘲諷寫實的語調，帶出一九六〇年代小老百姓日常生活的窘境。內容描述一名建築工人江阿發，帶著妻小一家七口，從農村到台北闖蕩尋求更好的工作機會，不料某天早上騎腳踏車上工途中，被一台美國上校駕駛的進口轎車迎面撞上。江家妻小趕到醫院，修女送來午餐，有三明治、牛奶、汽水、水果罐頭，還有蘋果。上校格雷釋出最大善意，不但登門致歉，負責所有醫療和生活費用，還額外加碼提議把江家的啞巴女兒送到美國讀書。此時大家手中拿著蘋果，不知道怎麼下口才好，江阿發學電視咬下第一口示範，一邊說：「一個蘋果的錢抵四斤米，你們還不懂得吃！」頓時病房裡充滿了大口咬嚼蘋果的幸福感。

黃春明試圖用喜劇手法包裝小人物的卑微與辛酸，在那個政治嚴峻、思想封閉的抑鬱年代，就算是珍貴的進口蘋果，一口咬下的滋味恐怕也是酸甜摻半、五味雜陳。但不同於小說家透過戲劇張力來呈現時代的荒謬性，身為政治評論者的傅正，則是企圖深入荒謬的表象，揪出體制裡的藏污納垢。

早在傅正提及進口蘋果的外匯弊端之前，《自由中國》刊載於一九五八年三月一日的社論〈從滿街蘋果談到外匯管制的弊端〉，就曾揭發黨中央如何從一顆顆小蘋果榨出私相授受的龐大利益。

社論中提到，蘋果從原本的奢侈管制品，突然開放大量進口，這等不尋常現象必定暗藏利益玄機。因此，文中詳細描繪當時的外匯程序：蘋果進口貿易商必須先申請特種外匯，而申請者又必須具備國民黨黨員資格，而後，接洽窗口為中央黨部的財務委員會（簡稱中財會），貿易商得透過中間人士和財委會取得交涉，談妥條件並取得核准後，再由物資局出面與貿易商訂立合約，並由物資局代為結匯，最後貿易商才能

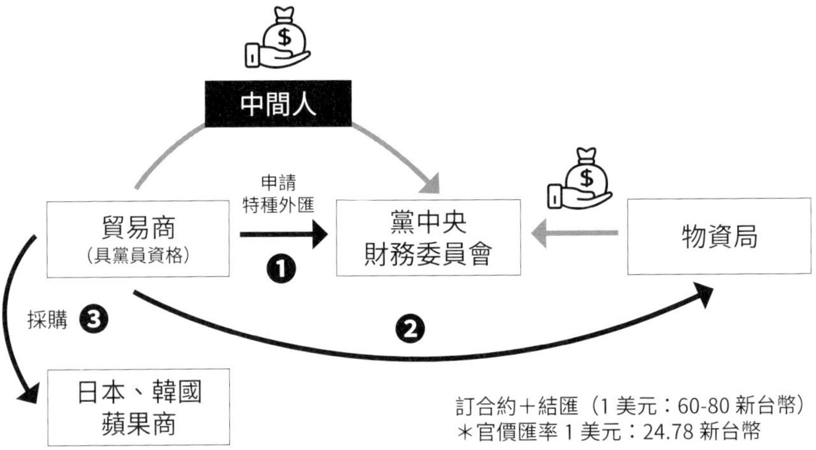

圖 3 ｜外匯程序圖解
圖片來源：陳秀玲自繪

向日本、韓國採購和辦理進口事宜。

這等迂迴的採辦過程，不但透露出政府金融體系的官僚作風，也等同默許相關單位從層層關卡中套利謀財。其中的最大弊端，即來自外匯管制下的「匯率議價空間」，貿易商繳交給物資局的台幣貨款，並非以官價匯率（一美元兌台幣是二十四點七八元）計算，而是以遠高於黑市的匯率（六十至八十元新台幣）成交。不難想像在匯兌黑箱作業裡，會有多少雙政治黑手的操弄，又有多少不當利益來往輸送。而這一切，又以「國／公營」為名、「黨／私營」為實的老戲碼重複上演，可謂把「國庫」的錢洗進「黨庫」的一條捷徑。

對此，社論嚴厲批判政府管制輸入及特種外匯等等法令，無非是為便利籌措國民黨黨費的蠻橫手段，中間人角色更是大開索取佣金的方便之門，可謂黨產取諸國庫、國庫挹注黨費。面對如此黨國不分、軍政一家的治國體系，作者於文末也只能以「永遠是那麼一個百弊叢生的亂糟糟局面了」作結。

黨產娛樂篇：「矢野馬戲團」落難記

傅正揭露黨中央以「馬戲團來台演出」作為籌措黨費的手段之一。消息見報一個月後，一九六〇年七月，《自由中國》就刊出了袁治本的社論〈從日本矢野馬戲團開鑼說到張祥傳灌權〉[12]，掀開馬戲團來台演出所衍生的議長張祥傳收賄一案。

「矢野馬戲團」其實和台灣甚有淵源。日本時代，由矢野庄太郎創辦的「矢野巡迴動物園」相當有名氣，是當時日本國內最具規模的流動動物園兼馬戲表演團，並於大正初年（一九一二）就曾來台巡迴展示及表演。大正五年（一九一六），矢野動物園設立第二演藝部，以動物表演為發展重點，其中又以猛獸演出最引人矚目。

昭和五年（一九三〇），矢野動物園在台演出深受民眾歡迎，之後留在台灣長達六年，其間甚至將本部移至台灣，作為海外發展基地。[13]一九二五年出生的黃稱奇醫師，在戰爭結束半個世紀後，回憶他兒時記憶中的「矢野馬戲團」說：「一九四四年三月十日那天，全校師生就排隊走約一個小時的路，到員林來觀賞由『矢野馬戲團』

所表演的馬戲，學童個個都欣喜雀躍……場內已經爆滿了，很多學校特別來捧場支持，並且也帶了很多學童來觀賞。」[14]從文字描述中，不難感受到當年孩子們的興奮心情，尤其是在戰事告緊、物資匱乏的苦悶年代，欣賞馬戲團表演絕對是一個難忘的美好回憶。

時間來到戰後，一九六〇年為慶祝總統、副總統就職，「矢野馬戲團」再次獲邀來台演出，並選定台北市新公園作為表演場地。然而，當時明文規定新公園不得出租馬戲團表演用途，於是台北市政府便行文要求議會變更議決案。但時任議長張祥傳等不及議會召開臨時大會提付此案，便擅自函覆市政府「准予備查」，如此藐視議會執法權力，枉顧法治一意孤行。再加上「繼外間傳出議會接受十五萬、二十五萬元的消息之後，報上又載議會每一議員將由馬戲團贈送招待卷二十張」的收賄醜聞在民間傳得沸沸揚揚，議長立刻遭到逾二十餘位議員強力抨擊。在民間與政壇強大的壓力之下，議長張祥傳即時收回成命，馬戲團最終未能如願在台北新公園再次為台灣人演出。

在鄭麗榕的研究中，提及在《木下大サーカス生誕一〇〇年史》一書中記載的此事後續：「（矢野馬戲團）一九六〇年在台灣演出時，發生台北新公園場地續租不果，以及娛樂稅課稅問題等而不獲准續演，轉赴台北縣三重鎮表演，卻又與該鎮發生債務問題，收入被扣，至全團人獸斷糧，境遇十分淒慘。」[15]可知「矢野馬戲團」這趟來台不但出師不利，最後竟落得人獸斷糧的窘境，十分難堪。

然而，「矢野馬戲團」這般淒慘的際遇，竟然已非「初體驗」。早在二戰結束、日本戰敗後，國民政府便於一九四六年順勢接收馬戲團在台所有產業，「矢野馬戲團的人在一貧如洗的狀況下歸國」。[16] 戰爭時期，「矢野馬戲團」曾以台灣為根據地，在全島進行巡迴表演，興盛時期團員達到一百二十人之多，如此規模的產業竟一夕之間被新政權整盤捧走，是為「日產案件」再添一樁黑史。再加上一九六〇年的這樁弊案，最大的受害者真的非「矢野馬戲團」莫屬。

離散與重逢，清創與復原

一九六〇年之後，《自由中國》消逝在歷史洪流中，但那群自由主義知識分子的人生故事才正要開始。

雷震等人被逮捕後，其他成員雖然免於牢獄之災，卻也無法真正全身而退，他們的住處被日夜盯梢，不斷受到特務騷擾。夏道平在月刊被查禁後，不再針對政治公開發言，轉向閱讀、翻譯和傳佈自由經濟理念。殷海光因長年被情治單位監控，連原本在台大哲學系的教課也被禁止，下半輩子被幽禁在溫州街台大宿舍裡，直到一九六九年逝世，享年五十六歲。

聶華苓赴美後，因翻譯毛詩被警總列為黑名單，作品也不能在台發表，直到一九八八年才在余紀忠的努力奔走下，再次踏上台灣這塊剛剛露出自由曙光的土地。那一年，聶華苓以自由身分返台，前往埋葬雷震與殷海光的「自由墓園」悼念昔日長官和同事。聶華苓回憶一九七四年她到木柵拜訪雷震時，雷夫人宋英女士就站在庭院，指出特務在四周安裝的探照燈，那時雷震剛出獄不久，執政當局仍對雷宅進行嚴密監控。

聶華苓赴美國定居後，任教於愛荷華大學，一九六七年和美國著名詩人保羅·安格爾（Paul Engle），也是她的夫婿共同創辦並主持「國際寫作計劃」，被譽為「世界文學組織之母」。夫婦倆廣邀世界各地作家、詩人駐校進修與寫作，包括兩岸三地多達上百位作家，台灣的知名作家如余光中、鄭愁予、王文興、白先勇、林懷民、陳映真、七等生、吳晟等，也都曾是她府上的座上賓。

聶華苓在回憶錄中，也特別提到一九六八年邀請陳映真前往愛荷華大學，卻因傳播共黨思想等罪名被捕入獄無法成行一事。夫婦倆決定跨海循法律途徑營救陳映真，但最終不敵當局對左翼知識分子的迫害，陳映真被軍法審判判刑十年。直到一九八三年，在聶華苓和保羅的極力爭取下，陳映真終於成功赴邀寫作計劃，短暫呼吸自由的

圖 4｜殷海光故居，位於台北市溫洲街。
圖片來源：陳宇威

空氣，與大陸和第三世界作家齊聚一堂，暢談彼此的生命經歷與文學理想。

聶華苓在「雷震案」後逃往美國，仍然心繫台灣未竟的民主自由，致力協助異議作家赴美交流、創作，可說是延續《自由中國》自始追求自由精神的堅持與實踐。

隨著「雷震案」的平反，遲來的正義為《自由中國》重新擦亮招牌，他們留下的文字，則成為台灣寶貴的民主資產。當年有傅正對「國庫私飽黨庫」弊端開出第一槍，如今「不當黨產」這個棘手議題，走過漫長的歷史黑夜，歷經幾次的改朝換代，經過無數的法律攻防，「黨產會」仍在充滿禁忌和威脅的黑森林中，努力開出一條通往出口的路徑，把「正義」還諸於世、「財產」還諸於民。

儘管困難重重，轉型正義、不當黨產的研究、追討與反省，仍舊是這個時代必須完成的民主工程。如同花亦芬教授對轉型正義的體悟和研究，她認為轉型正義是「滿載創傷的社會」通往療癒的必經之道，而「德國經驗」剛好可以提供台灣社會審視「正義／公義」介入的關鍵成效。花亦芬闡述德國轉型正義牽涉的兩大領域，一是司法、一是歷史，前者指向法治體制的建立，如「司法平復」和「不當黨產」；後者則是價值體系的重建，如「歷史記憶」和「檔案開放」。[17] 德國經驗讓我們看見，一個侵略國和大屠殺加害者，只要願意真誠反省和認錯，並確實執行轉型正義工程，仍然可以得到國際社會的寬恕、支持和肯定。

推動轉型正義，並非在歷史傷口上灑鹽，相反的，是必須面對歷史錯誤，才能阻止悲劇一再發生。而要修復台灣歷史的傷痕，「轉型正義」正是必要的醫治手段，不當黨產的清查和追討則是必經的清創過程，更是台灣作為民主國家應有的風範和作為。如同當年那群為民主和自由筆耕的民主鬥士，因為他們的勇敢與洞見，與後繼的努力，台灣才得以走到今天。

二〇二一年五月十日，適逢傅正逝世三十週年，總統蔡英文及民進黨團政要，相偕出席由東吳大學政治系舉辦的座談紀念活動。總統於會中致詞讚譽：「傅正致力打破省籍藩籬，堅持跨越族群，一生所追求的，第一是民主、第二是民主、第三還是民主。」[18]公開向這位在台灣邁向民主道路的先鋒者致敬，一方面是台灣民主永不停止的繼承，另一個更重大的意義，便是奠定傅正「黨產研究之父」的歷史定位。《自由中國》是歷史的鑿光者，而台灣社會正循著他們的光，繼續往「轉型正義」的方向匍匐前進。

註釋

1 范泓，〈引言〉，《民主的銅像：雷震傳》（台北：獨立作家，二〇一三年），頁二三。

2 季季，〈一九六四年初夏及其他—兼賀聶阿姨九二誕辰〉，中時新聞網，二〇一六年二月三日，https://www.chinatimes.com/newspapers/20160203000769-260115?chdtv（瀏覽日期：二〇二一年十二月三日）

3 顏伯川，〈《自由中國》雜誌三巨擘——胡適、雷震、殷海光〉，民報電子報，二〇一四年十二月二十日，https://www.peoplenews.tw/news/5c71ce4d-56fd-4200-8775-dd6505862c76（瀏覽日期：二〇二一年三月二十日）

4 同前註。

5 潘光哲編，《傅正《自由中國》時期日記選編》（台北：中央研究院近代史研究所，二〇一一年），頁六五。

6 夏道平，〈敬向蔣總統作一最後的忠告〉，《自由中國》二二卷三期（一九六〇年二月一日）。

7 殷海光，〈大江東流擋不住〉，《自由中國》二三卷五期（一九六〇年九月一日）。

8 整理自「促進轉型正義委員會」二〇一九年九月四日臉書貼文，https://www.facebook.com/twtjc/posts/2204908533140103/（瀏覽日期：二〇二一年五月二十日）

9 潘光哲編，〈導論〉，《傅正《自由中國》時期日記選編》。

10 傅正，〈國庫不是國民黨的私囊——從民社黨拒受宣傳補助費說到國民黨把國庫當作黨庫〉，《自由中國》二二卷十一期（一九六〇年六月一日），頁三—四。

11 〈「傅正與黨產研究學術研討會」會議紀錄〉，《黨產研究》第三期（二〇一八年十月），頁一三三—一四三。

12 袁治本，〈從日本矢野馬戲團開鑼說到張祥傳灌權〉，《自由中國》第二三卷第二期（一九六〇年七月），頁三—五四。

13 鄭麗榕，〈跨海演出：近代台灣的馬戲團表演史（一九〇〇—一九四〇年代）〉，《中央大學人文學報》第四三期（二〇一〇年七月），頁二四—二八。

14 同前註，頁二六—二七。

15 同前註，頁二五，註五五。

16 同前註，頁二五。

17 花亦芬，〈緒論：賦予歷史記憶真正有尊嚴的框架〉，《在歷史的傷口上重生：德國走過的轉型正義之路》（台北：先覺，二〇一六年），頁二〇。

18 〈蔡英文：傅正致力打破省籍藩籬 一生追求民主〉，Newtalk 新聞，二〇二一年五月十日，https://newtalk.tw/news/view/2021-05-10/570931（瀏覽日期：二〇二一年五月十日）

Vol.

2

愛國青年養成所

救國團與台灣人的威權青春

蔡佩家

明星咖啡館裡的留俄者

開業於一九四九年的明星咖啡館ASTORIA，是台灣相當重要的人文地景，許多文學作家或重要聚會都和這裡有深厚的關聯。時至今日，它仍矗立在台北城中市場附近的武昌街上，對面便是香火鼎盛的城隍廟。也因為鄰近台北火車站，許多外國觀光客總會就近慕名前來朝聖。

圖1｜明星咖啡館
圖片來源：陳宇威

從一樓麵包西點店右側的樓梯緩緩走上二樓明星咖啡館，首先映入眼簾的是晶燦燦的俄羅斯蛋雕，以及層層疊套的俄羅斯娃娃，如今店內的裝潢還保留許多開業之初的一九五〇年代風格。改良自沙皇宮廷甜點的招牌點心「俄羅斯軟糖」，更是國內外觀光客到此一遊必買的伴手禮。

明星咖啡館原本是由六名白

2

愛國青年養成所

俄羅斯人所創。[1]其中，又以艾斯尼（George Elsner Constantin Enobche）的身分最富戲劇性。據傳他出生於一八九三年的俄羅斯皇家，曾經擔任末代沙皇尼古拉二世的侍衛長。在蘇維埃紅軍取得俄羅斯的統治權後，艾斯尼為躲避共產政權，潛逃到哈爾濱，輾轉遷居上海的法租界區，最後跟隨國民黨來台。[2]

流亡的俄羅斯貴族艾斯尼，憑藉俄語、法語、西班牙語以及英文的多語能力，搭配來自俄羅斯的菜餚及甜點，很快地讓明星咖啡館成為這些失去故鄉的俄羅斯人能暢談母語、大口喝烈酒、舉辦各式俄羅斯節慶晚宴的場所。這裡經常播放柴可夫斯基以及拉赫瑪尼諾夫的唱片，進口的咖啡香氣瀰漫在空氣中，賓客們吃著火雞、火腿、牛排、烤乳豬、魚凍，以及軟嫩的俄羅斯軟糖，還有原本應該使用進口葡萄乾，卻因物資缺乏，無奈之下只好以台灣本地龍眼乾製作的核桃蛋糕。

然而更引人注意的，還是那些掛在窗戶上方，來自各方的政商名流、文人雅士在此留下的一幀幀歷史老照片，其中經常出現蔣經國與他妻子芬娜的身影。

想像一九五〇年代，明星咖啡館的某次晚宴中，壯碩的白俄人群裡，有一對正以俄語流利對話的異國夫妻。妻子的名字叫芬娜，是個高大活潑、身材健美的俄國金髮女子，芬娜身邊那名稍微矮小的黃皮膚男子，便是他的丈夫「尼古拉」，而他另一個更為人所熟知的華文本名叫做蔣經國。至於他身邊那位美麗的俄國妻子芬娜，就是後來幾乎不問政事、足不出戶的第一夫人蔣方良。

對比此時明星咖啡館內的俄羅斯風情與暢快氛圍，館外，國民政府正在鋪天蓋地、大肆宣揚俄羅斯是「萬惡共產黨」——那是戒嚴時代之序幕，接在「反共政策」而來的白色恐怖，正持續籠罩台灣人的生活。

關於俄國，蔣經國一點也不陌生，他在《蔣經國自述》中這樣描寫他在孫逸仙大學的留俄生活：

> 八點鐘早飯，每個學生有一本飯票，每月發一本。每日飯票分早午晚三張。每人可用飯票到發飯處領飯。飯菜並無優劣之處，完全一律。今天早餐是麵包、白脫油、香腸炒蛋。飯堂裡面的布置，非常美麗。除鮮花外，壁上還掛著孫總理及列寧的遺像。兩旁掛著用中俄文寫成的兩個口號「中俄聯合萬歲！」「中國革命成功萬歲！」[3]

蔣經國當時年僅十五歲，已是一個對革命、共產懷抱熱情的少年，他在就讀孫逸仙大學期間，甚至曾經加入共產主義青年團。但沒想到，後來中國內部的政局變化，蔣介石開始清除中國共產黨人，這讓蔣經國在俄羅斯的日子變得艱難。

2

愛國青年養成所

但為了獲取俄羅斯人的同情，並在如此險峻的環境下生存，懷抱革命理想的青年留學生蔣經國，不惜迎合當時的政治情勢，在群眾與新聞媒體面前公然反對父親蔣介石，展現出革命之子的形象，解決父親執意在中國清黨造成的政治危機。例如，他曾在莫斯科的《時代周刊》上聲明：「蔣介石是我的父親與革命友人，現在卻是我的敵人。」以及在《消息報》上表明：「現在我要說，革命是我所知道的唯一要務，今後我不再認你為父。」根據當時同在孫逸仙大學內的同學徐君虎等人回憶，在四一二事件發生後，蔣經國曾在校內用俄語振臂高喊「打倒蔣介石！」並激昂地說：「我今天不是作為蔣介石的兒子，而是作為共產主義青年團的兒子來講話。」[4]從這些蔣經國早年在俄羅斯生活的紀錄和側面描述，可以想見他置身於詭譎多變的異國政治環境中，如何練就一身面對群眾的靈活能力。

蔣經國也曾如此回憶他在俄羅斯時所接觸到的共產黨：

> 中國共產黨在莫斯科有個支部，其組織和訓練方法都相當健全有序。它的黨員組織嚴密，並受到嚴格監督，而且永遠遵照中央集權領導的指示行事。他們生性簡樸，紀律嚴明。因此我有一陣子對他們的活動產生了興趣。[5]

此外，孫逸仙大學還有一種特殊的「行動學習」訓練，要求成員繳交日記供上級隨時檢查，日記必須詳細描述個人日常生活中的思想與行動，並且時常進行「思想」的自我檢討與批評。組織內的團員必須互相監視，若有脫節者，就必須接受懲罰。最後在組織所舉辦的活動中，要編寫講義、印發宣傳單、編輯活動新聞做推廣紀錄。[6]這些「訓練」團員的方法，後來都成為蔣經國掌政的關鍵手段，甚至運用得更為爐火純青。

一九二七年，蔣經國完成孫逸仙大學的學業，隨後進入列寧格勒軍事學院，並以「游擊戰」作為論文題目成功取得學歷。不過，因為父親蔣介石在中國的清黨行為，導致他的回國申請屢屢被蘇聯領導人史達林拒絕，史達林還曾派遣他到集體農場工作，當金礦勞工，最後成為烏拉爾重機的主管。

但也是在這裡，「尼古拉」遇到了同為共青團員的俄羅斯少女芬娜，兩人婚後在俄羅斯生下長子蔣孝文。直到一九三六年西安事變以後，蔣經國回中國一事才出現轉機——因為蔣中正被迫改變剿共計畫，國共兩黨一致對日抗戰。為了展現誠意，蘇聯准許蔣經國攜妻帶兒回到中國故鄉。

當時的蔣經國或許無法想像，自己往後竟會傾盡國家所有資源，試圖清除「共產」勢力，並將「俄國」視為洪水猛獸。

救國團的成立

一九四五年日本戰敗。台灣被納入中華民國的政治範圍。兩年後的一九四七年發生二二八事件，共產黨也趁勢利用時局動盪，壯大台灣的共產地下組織「台灣省工作委員會」。

一九四九年，國共內戰失利，國民黨撤退來台。面對中國大陸的丟失，國民黨痛定思痛，反省檢討，認為此次失敗的主因是「黨組織的崩壞」[7]。蔣介石因此藉機提出國民黨需要「改造」，趁勢削弱國民黨內非嫡系的派別，如以陳立夫兄弟為首的ＣＣ派（中央俱樂部）以及復興社的力量。同時擴大鞏固其自身強人政權的正當性，奠定了中華民國「以黨領政」、「以黨領軍」的統治方式，且在暗地裡扶植繼承者蔣經國的勢力。

另一方面，國民黨也開始加強群眾思想與理念的灌輸。雖然國民黨在建黨之初曾經十分重視吸收「青年」與「知識分子」，但在對日抗戰勝利後，卻因忽略對知識青年的控制，致使大量反國民黨的知識青年發起大規模抗議學潮，造成社會輿論，最終讓國民黨失去中國的民心。

因此，撤退來台的國民黨認知到過去在青年學生工作的失誤，蔣介石甚至曾經公開表明國民黨的失敗在於失去婦女和青年的支持。於是，為了加強對知識青年的控制，「堅定青年反共抗俄的信念」、「消滅反國民黨勢力的學生運動」，蔣經國開始籌組「救國團」，將黨國的控制伸進校園，作為國民黨重要的改造計畫之一環。

其實國民黨在中國大陸時期就曾經組織「三民主義青年團」。在蔣經國返回中國後，蔣介石便想借重蔣經國在蘇聯的留學經驗，任命他為三民主義青年團中央幹部學校教育長。隨後，為了扶植蔣經國在國民黨內的勢力，蔣介石還將三民主義青年團中央幹部學校與國民黨中央黨校加以合併，但遭陳果夫、陳立夫兄弟為首的CC派反對，最終迫使蔣經國辭職。[8] 但隨著國民黨遷台以後的改組，CC派逐漸失去權力，蔣經國順利當選中央委員，青年教育工作也就由蔣經國所掌握。

一九五二年，蔣介石總統在青年節發表了「告全國青年書」：「號召全國青年繼承北伐抗戰的光榮傳統，為反共抗俄復國建國作第三次大結合，並提出組織『中國青年反共救國團』的具體指示，全國青年即時風起雲湧，熱烈響應，紛紛要求參加，政府乃遵照總統的昭示，接受青年的要求。」[9] 隨後於當年總統誕辰十月三十一日正式成立「中國青年反共救國團」，由蔣介石為團長，蔣經國擔任主任。

蔣經國在台北救國團的宣誓典禮上，如此說明救國團創辦的主旨：「我們領悟到三十八年失敗的教訓，更知道要打倒共匪，復興國家，還需要組織青年，團結青年，

❷
❸

圖 2｜八千餘名大專學生於青年節大會宣誓加入中國青年反共救國團。
圖片來源：〈領袖照片資料輯集（十九）〉，《蔣中正總統文物》，國史館藏，數位典藏號：002-050101-00021-217。

圖 3｜中國青年反共救國團主任委員蔣經國在記者會上宣佈中國青年反共救國團成立。
圖片來源：〈就任第六任總統暨其他精選相片〉，《蔣經國總統文物》，國史館藏，數位典藏號：005-030207-00013-002。

給他們一種新的教育，灌輸他們新的精神。」此外，蔣介石也指出救國團應有三個特質，分別為教育性、群眾性、戰鬥性。根據前救國團主任李煥的闡釋：「所謂教育性，既是給與青年『正確』的革命教育，所謂群眾性，即『團結青年參加反共抗俄的戰鬥』，所謂戰鬥性，即提高青年戰鬥精神，提倡戰鬥生活」。[10] 一九五八年，蔣經國也曾在救國團的會議上這樣說：「我們的基本政策是『反共抗俄』，我們的重要任務是反攻大陸，我們的最後目的是實行三民主義……」[11]

也因為國民黨如此重視救國團救亡圖存的重要性，實務上，蔣介石經常跳過正常的法律程序，直接對救國團下達命令。例如一九五七年八月七日，蔣介石在國民黨第七屆中央委員會的會議中，直接提出救國團是國民黨內重要的青年運動機構，且救國團進行的工作都應該先呈報中央，「接受黨的領導」。換言之，救國團必須服膺蔣氏父子的意志，才能最大化青年運動工作的效果，達成青年學子效忠於黨國體制的目標。[12]

因此，救國團名義上雖是國防部的組織，但卻是由蔣氏父子以及國民黨所掌握，沒有其他監督制衡的機構。而這個活躍於全台灣各級學校之內，負責「教育青年」的單位，教育部身為最相關的政府機關，完全沒有權力過問。

艾倫・懷丁與《自由中國》的批評

一九五五年，美國《星期六晚郵報》（*The Saturday Evening Post*）有一篇關於蔣經國的報導，相當耐人尋味。這篇特殊的報導是美國學者艾倫・懷丁（Allen S. Whiting）來台灣採訪蔣經國後所寫下的。面對艾倫・懷丁「為什麼不推行民主制度」的疑問。蔣經國如此說：

> 美國人是很難理解這裡發生的事，我們不可能照著美國人的方式來，當人民批評我時，我是很難過的。……蔣經國認為只有一黨專政才是正確治理亞洲的方式，政工、祕密警察、救國團（註：此處原文是「youth」）是被反對者攻擊最嚴重的，也是美國人誤會最深的地方。但是這是清楚的事實，我們抵抗共產勢力就是在為自由奮戰，我們的承諾是民主制度，但是如果共產黨存在一天，那麼我們便不能施行民主。[13]

蔣經國一方面堅持「非民主的一黨專政」才是治理亞洲的方式，同時巧妙地把針對「政工、祕密警察、救國團」這些監控組織的批評，解釋成美國「不理解真實情況」、

「誤解」的反應。

更經典的是，蔣經國回應美方「不施行民主」的質問時，直接將「施行民主制度」的政治要求，虛化為一種承諾，強調承諾兌現的前提是「共產黨的消失」。但這些黨國體制底下的「政工、祕密警察、救國團／青年團」組織，不正與共產黨的監控統治手段十分相似？犀利的艾倫．懷丁於是如此評論蔣經國：

> 長期的蘇聯留學生活讓蔣經國成為一個充滿缺點的人，他不相信任何人，反對擁有英國或美國學歷的人，他只尋找跟他程度一樣的人，輕視真正有學問的人。他的政治宣傳行動充滿蘇聯的味道，但卻經常缺乏完整規劃。[14]

艾倫．懷丁的確從蔣經國的政治宣傳以及青年教育控制的手法中，精準地抓住蔣經國隱藏在「反共產黨」口號下的蘇聯特質。同時，艾倫．懷丁也發現蔣經國早年的蘇俄留學經驗，在他後來的政治思維與治理手段中，留下很深刻的印記。

而在蔣氏父子一黨專政的威權統治下，國民黨內部也有抗議的聲音出現。例如自由派知識分子雷震就在自己創辦的雜誌《自由中國》中，刊出多篇社論質疑蔣氏父子的威權統治。「黨產研究之父」傅正也曾在《自由中國》針對國民黨的不當黨產、民

Ching-kuo (center) with members of his anticommunist youth corps. "Ching-kuo is the easiest guy to get along with in this whole outfit," reports one U. S. Army officer on Formosa.

allowed Stalin to build a strong party and state."

Ching-kuo is frank to state his conviction that, wholly apart from the threat of communism, China is not ready for political democracy. "In the United States, I saw orderly unpoliced lines waiting for buses and trains. People and cars filled the streets without much supervision, yet traffic generally ran smoothly. You know how long we could operate like that in China? The Chinese people simply lack that sense of public responsibility which lets you Americans rely on the individual so much." He believes that one-party authoritarian rule is the only way to govern in Asia.

Defending his activities in connection with the political officers, secret police and youth, he concludes, "These three points are the ones the communists attack most. They are also the ones Americans misunderstand most. But the basic truth is clear: Our fight

the nation, the principle, the leader, duty and honor."

Against these positive points, however, must be placed Ching-kuo's many shortcomings, shaped by his life in Soviet Russia. Forever suspect by others, he trusts no man as his confidant. Ignorant of Western thought and opposed by cosmopolitan Chinese with British or American university degrees, he seeks his own level of associates and remains aloof from better-in-formed persons. His political actions follow the Soviet flair for propaganda, but often lack a sound plan.

Most serious is his insistence on fight-

圖 4｜艾倫．懷丁對蔣經國的報導與評論。
圖片來源：The Saturday Evening Post

眾服務社，以及救國團等這類「國民黨特殊組織」進行批評。《自由中國》直接大膽要求蔣氏政府「取消浪費青年生命、製造個人勢力的青年反共救國團」[15]，並認為這個以戰鬥性為手段號稱宣揚三民主義的團體，實際上是大大的違反了三民主義。[16]他們直指核心地說：

> 青年救國團這個組織，名義上雖然是為實施學校軍訓而設立的政府機構，實質上卻是為製造一黨一派預備隊而建立的政治組織。所以現在又處心積慮，企圖憑藉著政府的權力，更進一步在各學校加強其活動，以求更嚴密的控制學校教育，更澈底的使學術失去獨立自由，而完全聽任其掌握和操縱，成為一黨一派的附庸和工具。[17]

傅正在〈青年反共救國團問題〉一文中，還痛批救國團至少有兩點重大弊害：破壞法制與浪費公帑。在破壞法制方面，傅正強調，救國團這個「政府組織」的成立並未經過正式且合法的程序，僅憑總統的一篇演講以及「台四十一教字第五二六五號訓令」隨意充作法源根據，就無視立法院，由行政院擅立一個如此龐大的「政府機構」。傅正認為救國團根本就是「法外的黑機關，應該立即撤銷」。[18]

而在浪費公帑的角度，傅正指出：「在國家財政萬分困難的關頭，任何大小單位，都該盡力節省開銷，早成為公認的真理；但青年救國團卻運用特殊的方式與關係，在各方面要津貼找財源，而置國家財政於不顧。」[19] 光是四十四年度，救國團就出版了二一一種期刊與一三六種單行本書等「全無價值的書刊」。[20]

此外，路狄也投書聲明，救國團每年辦理的各式營隊活動，也都在浪費大量公帑。以一九五八年的「暑期戰鬥訓練」為例，活動所聘請的「學者專家及有關單位人員」、「策劃及指導」，以及「邀請十六國青年來華訪問」等各項經費，在當年國家財政如此拮据的情形下，竟然「均由本國供給，並酌予補助醫藥及交通費用」。[21]

然而，這些求好心切的批評，非但沒有使救國團以及國民黨政府知道反省，反而使得《自由中國》的主編雷震因此得罪蔣氏父子，以「知匪不報、為匪宣傳」的罪名被捕入獄，《自由中國》也被迫停刊。

救國團的教育監控

根據「促進轉型正義委員會」的研究調查，國民黨政權為了控制台灣社會，計畫對未達鎮壓程度但有違逆政府思想的人士實施綿密詳盡的監控，除了學術界、法政商界人員以外，連藝文界、媒體界也不放過。[22] 根據資料，一九八一年國民黨在全國佈達的線民人數多達三萬人，其中「40％平均分布於各行政村里，另外60％，則要『平均分布於社會結構各層面』」。[23]可見黨國政府安插線民的密度之高，對於校園青年學生的監控當然也不例外：

> 由主管保防業務的調查局第二處負責，並協調警備總部、國民黨中央委員會第六組、各校知青黨部、教育行政單位、救國團等機關或組織提供協助，於各大專院校成立「春風小組」（之後改名「安定小組」），再由各校內專任人員兼任執行祕書，下轄助理祕書，負責各校內部的統籌回報。[24]

而在《中國國民黨各級知識青年黨部保防工作實施辦法（極機密）》中，也如此明示：

> 各校黨部之保防業務主管組，應透過黨的組織與所在學校之訓導、軍訓、人事、救國團團委會及維護學校安定協調執行小組密切聯繫配合，互為支援，並指派該組總幹事、代表黨部參加維護學校安定協調執行小組為成員之一，擔任黨政協調

任務。[25]

從上述資料可以發現，威權政府以「安定校園」的名義，有效利用情治單位如警備總部、負責情報工作的第六組，以及校園內部的教育單位、救國團等各組織，滲透理應保持單純中立的校園環境。

除此之外，當年校園中的教官與救國團的關係也很緊密，救國團的業務範圍甚至有「責成各校軍訓教官，配合負責學生在校活動之輔導及思想言行考察，並注意各種社團活動資料之蒐集」[26]以及必須「運用學校刊物及各種機會，講求技巧，揭發偏激分子陰謀及偏激教師導務，駁斥偏激謬論，防制思想污染」[27]。也就是說，這些特殊組織除了控制青年學子的教育養成，收集相關情報資料，還要觀察授課教師的言論是否偏激，必要時須予以揭發，防止青年學生思想被污染。例如思想家殷海光的友人胡虛一（胡學古），就曾以一位中學老師的身分投書《自由中國》，描述自己在校園中被救國團「監控」的經驗：

> 你雖不開小組會，可是國民黨員的小組會上，可以討論你，檢討你，批評你，甚至通過決議，透過校長同志來對付你；你雖不是救國團的團員，可是救國團大

隊部的工作委員會同樣可以討論你，檢討你，批評你，甚至作成討論題綱，發交由學生組成、導師指導的分隊會議來批評你。更有所謂「安全先生」（原先是保防小組，繼則公開設立「安全室」；後安全室雖在輿論嚴正指斥下撤銷，然又聞此安全任務，係由什麼「業務管制室」負責，總之不論名稱何易，所任「特務工作」則一）暗中在窺察你的言行，搜集你的資料，那知他背地在搞你的什麼鬼？給你什麼帽子戴?!凡此種種，都不是個「作爲人師」的知識分子，所能忍受得了的！可是筆者和其他許多同我情形一樣的自由教師，却忍受了數年乃至多年之久，能不令人興嘆感慨嗎?![28]

上述例子都說明了國民黨利用救國團，在校園中監控並干預了過去全台灣青年的教育養成，使教育現場的老師們戰戰兢兢，深怕因為自己的「失言」而被特務記錄，招致被批鬥甚至更嚴重的後果。救國團也確實將控制思想、監控臥底的工作視為自己的「重要工作」。

更讓人難以想像的是，在解嚴多年後的今天，仍有許多在校園中「傳道授業」的師長是救國團的「兼任同志」。根據二〇一四年由救國團提出的「獎謝中學團務資深兼任工作同志」文件，可以看出這些救國團認為需要「獎謝」的救國團學校團委會兼

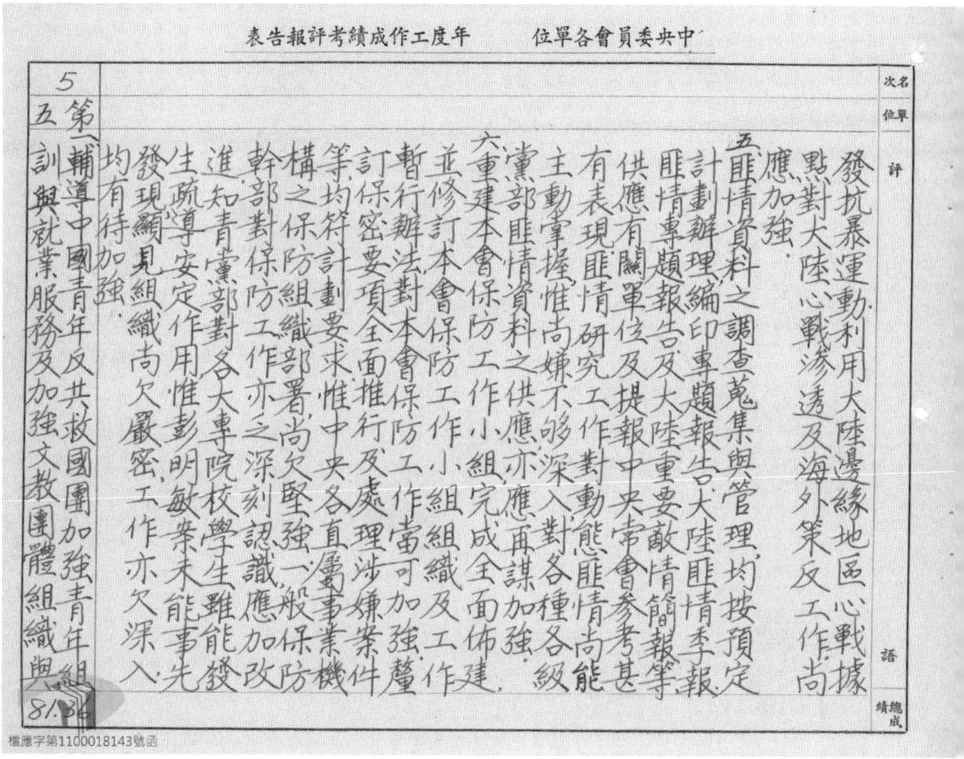
中央委員會各單位　年度工作成績考評報告表

名次	單位	評語	總成績
		發抗暴運動，利用大陸邊緣地區心戰據點對大陸心戰滲透及海外策反工作，尚應加強。 五、匪情資料之調查蒐集與管理，均按預定計劃辦理，編印專題報告、大陸匪情季報、匪情專題報告及大陸重要敵情簡報等，供應有關單位及提報中央常會參考，甚有表現，匪情研究工作對動態匪情尚能主動掌握，惟尚嫌不够深入，對各種各級黨部匪情資料之供應，亦應再謀加強。 六、重建本會保防工作小組，完成全面佈建，並修訂本會保防工作小組組織及工作暫行辦法，對本會保防工作，當可加強，釐訂保密要項，全面推行，及處理涉嫌案件等均符計劃要求，惟中央各直屬事業機構之保防組織部署，尚欠堅強，一般保防幹部對保防工作亦乏深刻認識，應加改進，知青黨部對各大專院校學生雖能發生疏導安定作用，惟彰明敏案未能事先發現，顯見組織尚欠嚴密，工作亦欠深入，均有待加強。	
5	第五	一、輔導中國青年反共救國團加強青年組訓與就業服務及加強文教團體組織與	81.36

檔應字第1100018143號函

圖 5｜國民黨中央委員會各單位五十四年度工作成績考評結果，中央第五組獲第五名，評語有輔導中國青年救國團加強青年組訓。
圖片來源：不當黨產處理委員會

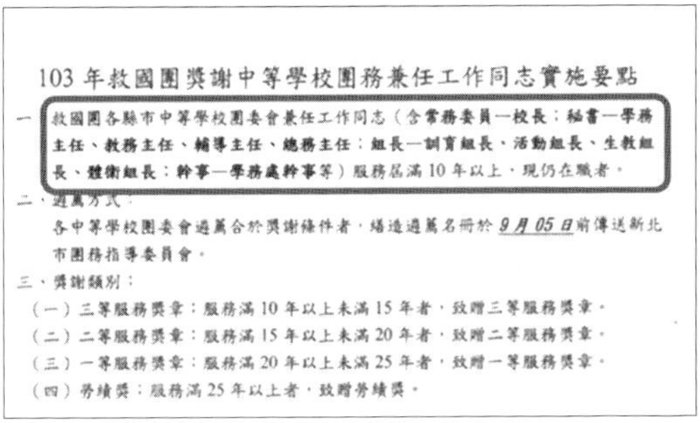
103 年救國團獎謝中等學校團務兼任工作同志實施要點

一、救國團各縣市中等學校團委會兼任工作同志（含常務委員－校長；秘書－學務主任、教務主任、輔導主任、總務主任；組長－訓育組長、活動組長、生教組長、體衛組長；幹事－學務處幹事等）服務屆滿 10 年以上，現仍在職者。

二、遴薦方式：

各中等學校團委會遴薦合於獎謝條件者，繕造遴薦名冊於 9 月 05 日前傳送新北市團務指導委員會。

三、獎謝類別：

（一）三等服務獎章：服務滿 10 年以上未滿 15 年者，致贈三等服務獎章。

（二）二等服務獎章：服務滿 15 年以上未滿 20 年者，致贈二等服務獎章。

（三）一等服務獎章：服務滿 20 年以上未滿 25 年者，致贈一等服務獎章。

（四）勞績獎：服務滿 25 年以上者，致贈勞績獎。

圖 6｜從這份〈一〇三年救國團獎謝中等學校團務兼任工作同志實施要點〉文件中可以發現，直到二〇一四年，校園中從校長到幹事等職位皆存在「兼任」救國團同志的情形。
圖片來源：蔡佩家翻攝

任成員，幾乎滲透了學校所有的行政單位，從校長、常務委員、祕書等，乃至各處室的主任、組長與幹事成員。甚至在二〇二〇年，救國團依舊嘗試申請十八萬四千元作為「獎謝中學團務資深兼任工作同志」的費用。[29]這無疑說明了，救國團似乎不覺得自己在過去威權時代下的行為需要反省修正；相反的，如今的救國團還想要獎勵這些長期服務的「兼任同志」，褒獎他們「過去」的工作表現，讓如今的教育環境仍舊處在一種黨國不分的曖昧狀態。

壟斷青少年青春的軍隊化營隊

許多人進入大學後，會發現身為一個大學生，有很多參加「營隊」的機會。舉凡迎接新生的「迎新宿營」、回饋偏鄉小學的「教育營」，乃至於辦給高中生的「招生營」，甚至還有專辦營隊的社團。

但不管哪一種營隊，人員配置跟活動規劃都是類似的。隊員們經過分組後，會有「隊輔」負責帶領，注意隊員身心狀況，不定期進行團康活動與隊員分享活動心得。隊員們在活動期間同吃同住，有一套相應的獎懲制度，藉此增加小隊的競爭心與表現欲。除了主打的專業課程或主題，營隊還有許多經典活動，像是標榜可以把所有異性的手牽一輪跳「第一支舞」的土風舞營火晚會，以及號稱「夜間教育」的夜遊扮鬼試膽大會，或者闖關活動的大地遊戲等等。

這些走到哪裡都一樣的活動主題、規劃跟人員配置，其實在救國團成立之初的「暑期戰鬥訓練」中，都可以找到類似的活動概念。不管是招募體格健康的青年學生進入軍營表演、慰勞娛樂軍人的「軍中服務大隊」，還是前往農村實施教育，使其配合戰時動員及宣傳政令等工作的「農村服務隊」，或是以加強學生軍事訓練為主的「海洋戰鬥訓練大隊」、「金門戰鬥營」、「澎湖戰鬥營」等，還有各式體能極限訓練的「玉山登峰大隊」、「中央山脈探險大隊」、「滑翔大隊」、「跳傘大隊」、「海濱游泳大隊」[30]，幾乎都是當代營隊的前身或一系。

營隊中，還有一種台灣獨有的「值星官文化」，就是仿照軍隊，由專人扮演值星官的角色，負責掌控時間、管理秩序、獎懲學員等等。值星官形象通常是嚴肅且不苟言笑，易怒又難以取悅，喜歡利用小事情公開懲罰羞辱學員，講話時經常使用特有的「教官」腔調，多數時候穿著綠色迷彩衣物，配戴墨鏡與值星帶，行走時也會踩踏軍人的步伐。

時至今日，儘管各大營隊活動中的軍訓成分已大幅降低，但營隊中配備的「值星官」，依舊驗證了營隊與軍隊之間濃濃的血緣關係。這或許也暗示著各大學校園在救國團影響下，依舊以某種形式緬懷著過去軍方控制校園學生的時代。

然而，當今的營隊或大學生活動，為什麼需要「值星官」這種類似軍人的角色管理秩序？學員抱持學習或活動的熱情來參加營隊，又為什麼要接受軍事化的管教？至於負責扮演「值星官」的同學，在營隊中被剝奪參與部分活動的機會，又要避開學員以維繫權威的神祕感，以怒氣騰騰的「軍人」之姿出場，控制不聽話、意圖「造反」的學員，這一切是否真有必要？

雖然近幾年為了和緩「值星官」這個象徵威權的角色，營隊通常會在接近尾聲的時候安排「破值星」的橋段，讓扮演「值星官」的同學卸下軍人權威，接受其他營隊成員的惡搞，作為成員們在營期間被威權控制的補償，但「緩和」、「平衡」營隊裡的軍人形象，也不能粉飾這個角色背後的威權本質。歸根究柢，「值星官」這個角色，是否還需要存在於現今民主校園的營隊活動內？

救國團營隊的另一個特徵或「貢獻」，便是在幾個世代青年男女的生命過程中，建造大量的旅遊經驗和風景。誠如政治學者吳叡人回憶其青年時期的救國團經驗時所言：

> 一九七〇年代後期我就讀高中時，救國團舉辦的青年自強活動，獨佔絕佳旅遊景點、路線、還有山莊，因此風靡全台高中生，而且名額甚少，一位難求。家母曾透過在救國團工作的親戚為我爭取到中橫健行的名額，因此我也曾被救國團收編過，去了一趟中橫。後來回想起來，我深切體會到救國團不只是台灣最大的旅遊業，也是最大的交友中心，因為在那個保守年代，具有「公信力」的救國團辦的自強活動，成為極少數青春期的青少年可以正當地認識異性，並且一起出遊而不會被教官干預的機會。我們認識女孩子要經過「黨國」認證的管道，要唱他們認證的歌，玩他們認證的遊戲，最後還要留下他們塑造的美好記憶。換句話說，救國團甚至壟斷了我們的青春。[31]

一九四九年國民黨遷台後，隨即制定《台灣省戒嚴令》並著手實施。為了更全面地控制台灣，國民黨開始施行山禁與海禁。普通民眾若要進入管制山區，必須申請入山證，申請過程經常會遇到很多阻礙。同理，為了防止「匪諜」偷渡來台進行滲透活動，國民黨也將台灣多數海岸線劃為「軍事管制禁區」，由海防部管轄，若有進出海岸的需求，必須向警總申請許可，且過程都要受到政府的嚴密監控。因此，台灣的青年學子通常只能藉由參加救國團的登山、海洋營隊、金門馬祖戰鬥營等活動，才有機會接觸台灣的山林海岸。

此外，當時台灣社會物資條件貧乏，也是救國團營隊歷久不衰的原因之一。因為許多家庭的經濟條件，無力為子女安排寒暑休閒活動，救國團琳瑯滿目的營隊，理所當然成為年輕人寒暑假的重頭戲，甚至成為大量年輕人加入救國團的主要理由。

深諳此道的救國團趁勝追擊，就此開啟推廣台灣國內旅遊的副業。自一九五八年在金山海邊成立第一座青年活動中心之後，救國團便陸續在台灣各地風景勝地建立類似的活動中心。而在這個到處興建青年活動中心的過程中，救國團不斷接受「政府」各處補助資金、撥用公地，如一九六九年五月二十六日，台灣省省政府主席黃杰於首長會議中指示：「青年反共救國團擬在台中市籌建育樂中心，希省府協助撥用公地，及補助建築費二百五十萬元，本人曾於會談中提示，土地部分已由台中市政府照撥，省府承諾補助二百五十萬元，希財政廳、主計處辦理。」[32] 身為省政府主席，竟直接在會議中指示轄下的各政府廳處，為國民黨附屬組織救國團的興建計畫研擬籌措興建

圖 7 ｜救國團營隊訓練
圖片來源：〈青年救國團青年服務事業概況報告照片〉，《蔣經國總統文物》，國史館藏，數位典藏號：005-030209-00007-001。

經費。

類似的例子，還有一九七八年八月的台灣省議會議員提案：「建議將南投縣立仁愛國中遷校至公路局霧社公務段後，該校原設校預定地現址撥供救國團霧社山莊使用案」[33]如此公然霸佔學校用地的荒謬提案，毫不意外地在大會決議中通過了。幾乎可以說，被救國團看上的好地段，即使是中學教育的學校預定地，也必須讓步。

由此可見，在黨國不分的政府組織有意識的扶持下，救國團確實以極其粗暴的手段，將台灣各處風景優美的土地據為己有，並將之發展成青年旅遊、營隊團康的獨佔事業。[34]

黨產、威權、不反共的救國團

救國團的存在，或許曾帶給很多人美好且充實的青少年時光。但回望過去，在黨國一體、國產即黨產的時代中，救國團依附國民黨，確實無償吸收了許多資產與土地建物，累積大量本該屬於國家的資產。

從黨產會的調查可見，一〇四年度救國團的總資產計有五十三億一千四百七十萬元，在二〇二一年的房產實價登錄網站上，四億就可以買到一戶三十坪含車位的仁愛帝寶。救國團還持有如幼獅文化事業股份有限公司、中國青年旅行社有限公司等等眾多公司股份，擁有多筆坐落於台灣各地的土地建物。[35] 這些龐大的資產與土地建物，是否還能為附屬於國民黨的救國團所有？

而在蔣經國的手札中，也有一道相當「有趣」的命令：他下令當時的《新生報》及《中央日報》不要再刊載救國團成立的消息。[36] 試問作為救國團主任的蔣經國為什麼下這種命令？或許當時的報章雜誌對於救國團的報導實在太過氾濫，已在社會上造成反動的力量，就連救國團主任也都有點厭煩這些排山倒海的宣傳了。另外，從蔣經

圖 8｜救國團大樓
圖片來源：〈青年救國團青年服務事業概況報告照片〉，《蔣經國總統文物》，國史館藏，數位典藏號：005-030209-00007-001。

國的這道命令，也可以看出當年在威權政府的管制下，即便是接近官方立場的報紙，也沒有報導官方正面新聞的「自由」。

活在相對自由民主的當代，「中國青年反共救國團」也在二○○○年決定拿掉「反共」，悄悄改名為「中國青年救國團」，似乎和當前的國民黨一樣，喪失了蔣氏父子創立初期時所訂立的「堅決反共」宗旨。然而，這依舊無法改變救國團與國民黨關係密切的事實——二○一八年，黨產會基於多次的聽證會與縝密的研究調查，已認定救國團為國民黨的附隨組織，眾多屬於國家、

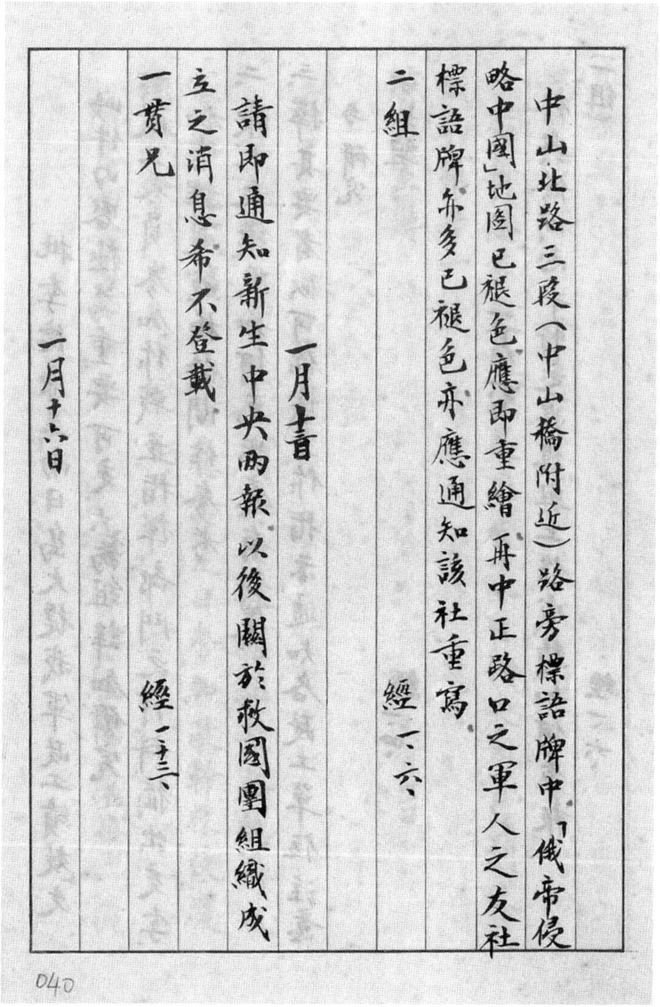
中山北路三段（中山橋附近）路旁標語牌中「俄帝侵略中國」地圖已褪色應即重繪再中正路口之軍人之友社標語牌亦多已褪色亦應通知該社重寫

二組

經 一、六、

一月十三

請即通知新生中央兩報以後關於救國團組織成立之消息希不登載

一貫兄

經 一、十三、

一月十六日

040

圖 9｜救國團報導禁令

圖片來源：〈民國四十二年蔣經國手札〉，《蔣經國總統文物》，國史館藏，數位典藏號：005-010502-00762-002。

國民的資源與財產，將一一被要求返還。

祈願我們對於過去威權統治下的台灣，能有日漸完整的理解，一一揭開更多美好印象當中的不義，讓下一代、下下一代台灣青年的青春，得以掙脫歷史陰暗的遺緒。

註釋

1 簡錦錐，《武昌街一段七號：他和明星咖啡廳的故事》（台北：圓神，二〇〇九年），頁十九—二〇。
2 馬克・奧尼爾（Mark O'Neill）著，程翰譯，《蔣經國的俄國妻子——蔣方良》（香港：三聯書店，二〇二〇年），頁八三—八五。
3 蔣經國，《蔣經國自述》（湖南：湖南人民出版社，一九八八年），頁二一—三。
4 茅家琦，《蔣經國的一生和他的思想轉變》（台北：台灣商務，二〇〇三年），頁二〇—二一。
5 蔣經國先生全集委員會，《蔣經國先生全集》第一冊（台北：行政院新聞局，一九九二年），頁六八。
6 江南（劉宜良），《蔣經國傳》（台北：前衛，二〇一七年），頁四一—四二。
7 張以牧，《強人威權體制下的青年組訓——以中國青年反共救國團為中心的探討（1952-1959）》（台北：國立政治大學台灣史研究所碩士論文，二〇一〇年）。
8 赤松美和子著，蔡蕙光譯，《台灣文學與文藝營：讀者與作家的互動創作空間》，（新北：群學，二〇一八年），頁十八。
9 社論，〈青年反共救國團問題〉，《自由中國》十八卷一期（一九五八年一月），頁六。
10 茅家琦，《蔣經國的一生和他的思想轉變》。
11 蔣經國先生全集委員會，《蔣經國先生全集》。
12 鄭任汶，〈從《自由中國》談 1950 年代的救國團〉，《黨產研究》二期（二〇一八年三月），頁六一—八六。

13 "The Saturday Evening Post",3/12/1955,vol.227 Issue 37, p26-118.
14 同前註。
15 本刊,〈(一)認清當前形勢·展開自新運動〉,《自由中國》十九卷八期(一九五八年十月),頁三。
16 同前註。
17 本刊,〈(一)再論青年反共救國團撤銷問題〉,《自由中國》十八卷十一期(一九五八年六月),頁三。
18 本刊,〈(一)青年反共救國團問題〉,《自由中國》十八卷一期(一九五八年一月),頁六。
19 同前註。
20 同前註。
21 路狄,〈(一)青年救國團害國害青年〉,《自由中國》十八卷十二期(一九五八年六月),頁三〇。
22 林國明,《「威權統治時期校園與社會監控之研究」成果報告》,頁十一。
23 〈諮詢人員綜合卷案〉,《佈建工作手冊》,頁四九。
24 林國明,《「威權統治時期校園與社會監控之研究」成果報告》。
25 促進轉型正義委員會,《中國國民黨各級知識青年黨部保防工作實施辦法(極機密)》,https://www.cipas.gov.tw/stories/177?fbclid=IwAR1JrQhTKpmDHDmgfnXK-OUUBLmPWbPNYK8dTD2eJrwu-SQvrAT5HKW9V6A(瀏覽日期:二〇二一年十一月二四日)
26 〈春風計劃案〉,「春風計畫」,檔號:0060=2=12543=virtual001=virtual001=0076。
27 同前註。
28 胡虛一,〈尊師重道哀教師!~~作為一個中學教師的感慨〉,《自由中國》二〇卷二期(一九五九年一月），頁十六。

29 不當黨產處理委員會，〈110 年 1 月 5 日第 105 次委員會議紀錄〉，https://www.cipas.gov.tw/news/343（瀏覽日期：二〇二一年十一月二四日）

30 李泰翰，《中國青年反共救國團的動員與組訓（1953-1960）——以寒暑假青年訓練活動為中心》（台北：國立台灣師範大學歷史學系博士論文，二〇一三年）。

31 吳叡人，〈吳叡人發言稿— 2017/10/24 不當黨產處理委員會救國團聽證會〉，https://storage.googleapis.com/cipas-production/news/2018/05/a7cc1c1fe64d789c6b4a4e5339e1d1c8.pdf（瀏覽日期：二〇二一年十一月二四日）

32 不當黨產處理委員會，《救國團補充調查報告》，https://cipas.gitbook.io/cipas-reports/cyc_2（瀏覽日期：二〇二一年十一月二四日）

33 不當黨產處理委員會，《黨產研究別冊—檔案選集 2》，頁一一三。

34 同註 4。

35 不當黨產處理委員會，《救國團調查報告》，https://cipas.gitbook.io/cipas-reports/cyc_1（瀏覽日期：二〇二一年十一月二四日）

36 同註 30。

Vol.

3

台東警察斧柾生的台北紀行

尋找被消失的警察會館

白春燕

都市紋理之間的百年記憶

走在台北車站附近熱鬧的街頭，你會想到什麼？

作為台灣的代表性都會區，台北從日本時代就以「島都」的姿態，與殖民母國的「帝都」東京遙相對望。而隨著時代發展，因著林強〈向前行〉的歌聲召喚，從其他縣市離鄉背井來到這裡「拍拚」（phah-piànn）的人們，在這裡寫下新的時代篇章。直至今日，跨越時代、國界和族群，被簡稱為「北車」的台北車站及其周邊區域，也因而承載了相當發達的政商發展史，以及層次更為豐富、複雜的族群記憶與經驗。

如果你是「五、六年級」生，北車附近的街路對你而言，可能是課後補習的聚集地。一間一間的補習班林立於一級商業鬧區，來自名校或追求名校的學生魚貫而入，所謂的「青春」，似乎是往前再跨一步就能看見的海闊天空，但名為「文憑」的那一步，對許多人而言，很緩慢，也很沉重。

若你是九〇後的新生代，你或許會有一條習慣的路線，從 Kmall 到五鐵秋葉原，這裡有一整層的戰略高手，Nova 逛完了就順便來看看。

再年輕一點的你，可能正是風靡於韓流的全球一億粉絲之一員。不想只聽空耳，而要真正聽懂 KPOP 或看懂韓劇，你或許就在這附近上韓文課，剛學會「歐巴」（오빠）

怎麼寫，看到大樓外的韓星廣告，怦然心動之餘，揚起更多自信支持你的「推」。

但阿公阿媽那時候的台北長什麼樣子，在這附近又曾經發生過什麼事，可能不是那麼多人在意了。

然而，他們那個時代，隱藏在這座城市紋理當中的百年記憶，包含曾經存在但卻消失的人事物，可能對現在的我們仍然具有一些幽微但長遠的影響。

從台北車站出發，我們從日本時代維持社會秩序的「警察」說起，帶大家跨越時空，尋找一個消失在都市空間和歷史記憶中，若留存至今可能成為超熱門打卡景點的好地方。

日治時期的「大人」

現代人普遍將警察視為「為民服務」的公僕，也是法律的執行者，甚或是「除暴安良」、「維護正義」的「人民褓母」。但台灣人從日治時代開始，習慣稱警察為「大人」，而且形象甚為殘暴。

雖然奉公值勤、操守嚴明的警察並不是沒有，但日本帝國對於殖民地嚴格統治的權力，是透過處在體制最末端、與台灣百姓唯一有接觸的殖民者——基層警察——予以展現，也因此，殖民地遭受的帝國之惡，都以「警察之惡」的形象表現出來，成為對民眾無所不在的壓迫。無怪乎民間長期有用「警察來了！」、「叫警察來掠！」等等話語哄嚇小孩的「傳統」，人們私底下也流傳著鄙相（phí-siùnn）警察為「臭狗仔」、「四跤仔」的蔑稱。

台灣新文學之父賴和的名作〈一桿稱仔〉也對殖民地警察有相當細膩的描寫。故事中的「大人」毀壞主人公「秦得參」賣菜用的秤仔，處以拘禁罰款，逼得秦得參殺警後自殺，實在是名副其實的「真的慘」（tsin tit tshàm）。在賴和眼中，法律是貫徹平等的存在，若法律成為一己之私的工具，或是帝國之眼與殖民者權力的執行者，恣意刁難，那麼法律便失去其真正的意義，讓人民不得不起身反抗。

但警察也不是省油的燈。相較於日本本地警察負責一般行政事務，台灣的警察大人在例行工作之外，因為被賦予了監控、管理殖民地人民的任務，因此要負責更多和民眾生活切身相關的管理工作，例如戶口調查、鴉片取締、理蕃及保甲等，都在大人的職掌範圍內。

一九二五年，台北州警察衛生展覽會展示的「南無警察大菩薩」海報，正說明了台灣警察的工作內容有多複雜。這張海報以千手觀音的形象比喻救助百姓的台灣警察，左手持劍用以打擊犯罪、維持治安；右手繞著一串唸珠，從事疫病預防、救助救護、

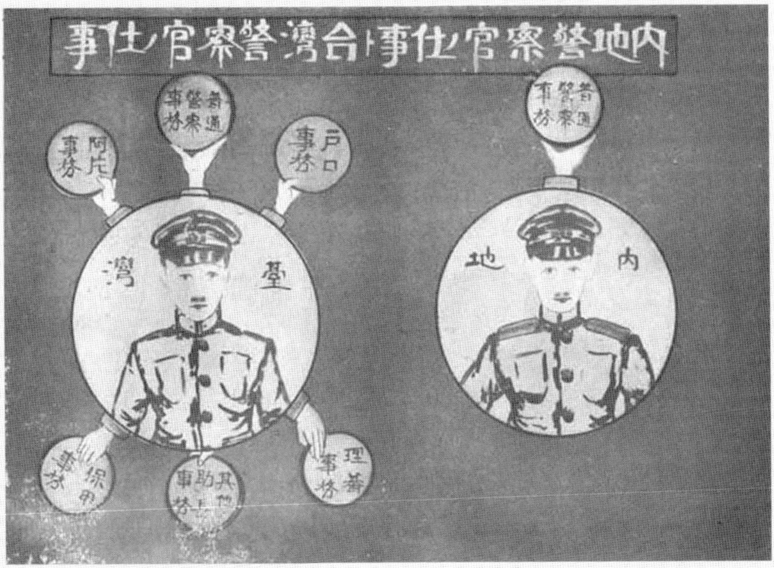

❶
❷

圖 1｜台灣警察（左）與內地警察的工作內容圖說。
圖 2｜猶如千手觀音一般的南無警察大菩薩。
圖片來源：《台北州警察衛生展覽會寫真帖》

蕃人授產（指導原住民生產技術）等民生經濟相關的工作。由此可知，為了達成帝國賦予的這些神聖任務，台灣警察必須學會各種技能，甚至包括台語。下面這則會話，便是大人們自修台語會話的範本。

甲：大人啊，阮查某人對昨昏暗略略仔發熱的款，此早起不食飯倒在睏不起來，請汝大人一次來去看覓咧好否？

警：好，參汝來去看覓，汝做前行。

（中略）

警：汝敢能較艱苦了嗬！此枝挾置胳下孔裡。

乙：好喇，大人啊，彼是甚貨呢？

警：此枝叫做體溫器，此枝挾置得著人的身軀有熱抑無熱，若是有的時節，看有若熱，如此不即能知影症頭的輕重。

（中略）

甲：大人啊，此號症頭是彼號時行的歹症頭抑不是？尚看有要緊抑無要緊呢？請給我知咧。

警：好，在伊的正手旁馬面彼裡，有生一粒粒仔，看彼個就是鳥鼠仔症了，汝亦所知此號歹症頭麼？得確著與康健的人遮斷即能使得。

這段會話內容出自一九一四年的《語苑》，以村民向衛生警察求助病症診斷的問答作為練習情境。對話以漢字呈現台語，一旁附上以日語片假名拼寫的台語讀音及聲調標記，下方則有日文翻譯，格式非常類似現在學習英文或日文的中英、中日對照讀本或教材。

我們在百年後看到這些文獻上的台語文，雖然有些熟悉，但覺得吃力的部分或許更多，何況是當時操日語的警察。然而，「台灣話」是日治時期第一線基層警察首要必須學會的語言。為了讓警察具備和台灣百姓溝通的能力，不管是警察學校「警察官及司獄官練習所」的必修課程，還是《語苑》、《台灣警察時報》等雜誌刊物，都能看到學習台灣話的單元或課程內容。[1]

有趣的是，這些會話教學通常不解釋文法，書中所舉的都是一大段可能發生的情境或臨時派上用場的對話，讓警察們在類似場景或對話時，不用太多思考就能現學現賣、隨機應變。這樣的設計，或許也在「暗示」警察大人們，不得已的話，不如就直接硬背起來吧？

因為日語的發音和聲調都相對單純，日本人其實不擅長學習發音或規則複雜的外語。面對台灣話的七聲八調、文音白讀，這些日本人警察死背硬記台灣話的過程，想必也是付出了相當的時間和心血！

從《語苑》的內容也可見，除了語言學習和各種管理工作，當時的警察還要身兼衛生和防疫人員。因為在日本領台初期，台灣還是充滿痢疾、瘧疾、鼠疫（ペスト，譯為百斯篤）等風土疾病的瘴癘之地，當時因病而死的人數比戰死還多。二〇一九年末至今，COVID-19 病毒肆虐全球，對日常生活造成許多衝擊和影響，我們或許稍能體會當時台灣人面對致死率極高的「百斯篤」時，是如何的惶惑不安。

當時警察的防疫作法是，使用村民不曾見過的體溫器（體溫計）量測體溫，並從病人腳踝的腫脹顆粒（淋巴發生腫塊是典型鼠疫症狀）判斷是否患了「鳥鼠仔症」（niáu-tshí-á-tsìng）。若確定罹病，處理方式和今日相去不遠：病患直接隔離，病人穿過的衣物、用過的器物、被褥等，全部都要清潔消毒。[2]

警察為了做好防疫工作，不但要具備傳染防治的衛生常識，還必須充實判斷鼠疫病症的醫學知識，幾乎是一個移動的在地衛生所。每當村民發現家人身體不適時，第一時間求助的對象不是醫生，而是警察。由此也可窺知，村民雖恐懼於「大人」的威權，但也深知「大人」能夠幫忙解決生活上的大小事。

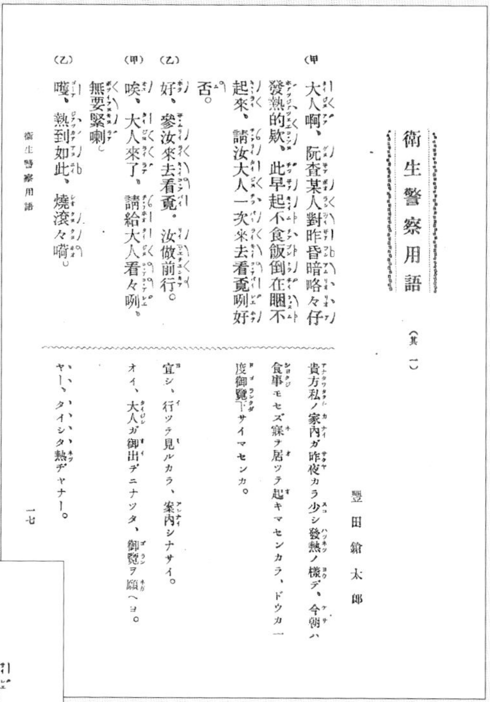

衛生警察用語（其一）

豐田鎗太郎

（甲）大人啊、阮查某人對昨昏暗咯々仔發熱的欵。此早起不食飯倒在睏不起來。請汝大人一次來去看覓咧好否。

（乙）好、參汝來去看覓。汝做前行。

（甲）唉、大人來了。請給大人看々咧。

（乙）無要緊喇。

噯、熱到如此、燒滾々嗬。

貴方私ノ家內ガ昨夜カラ少シ發熱ノ樣デ、今朝ハ食事モセズ寢テ居ッテ起キマセンカラ、ドウカ一度御覽下サイマセンカ。

宜シ、行ッテ見ルカラ、案內シナサイ。

オイ、大人ガ御出デニナッタ、御覽ヲ願ヘヨ。

ヤー、タイシタ熱ヂヤナー。

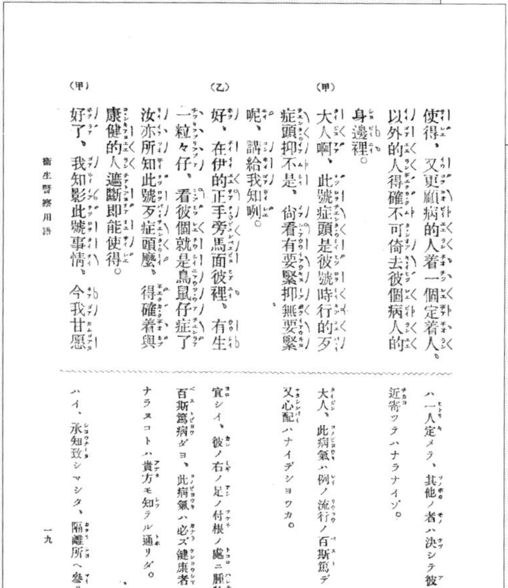

使得。又更顧病的人着一個定着人。以外的人得確不可倚去彼個病人的身邊裡。

（甲）大人啊、此號症頭是彼號時行的歹症頭抑不是、尙看有要緊抑無要緊呢、講給我知咧。

（乙）好、在伊的正手旁馬面彼裡、有生一粒々仔、看彼個就是鳥鼠仔症了、汝亦所知此號歹症頭麼、得確着與康健的人遮斷即能使得。

（甲）好了、我知影此號事情、今我甘愿

ハ一人定メテ、其他ノ者ハ決シテ彼ノ病人ノ傍ヘ近寄ッテハナラナイゾ。

大人、此病氣ハ例ノ流行ノ百斯篤デハナイデスカ又心配ハナイデショウカ。

宜シイ、彼ノ右ノ足ノ付根ノ處ニ腫物ガアルカラ百斯篤病ダヨ、此病氣ハ必ズ健康者ト隔離セネバナラヌコトハ貴方モ知ッテル通リダ。

ハイ、承知致シマシタ、隔離所ヘ參リマス。

圖3｜衛生警察會話
圖片來源：《語苑》

警察會館宿泊記

了解日治時期殖民地警察的十八般武藝後，也許大家會好奇，這些能力到底如何養成？成為一個殖民地警察，要經過多少課程或進修？

一八九八年，台灣總督府設置了「警察官及司獄官練習所」，作為警察、監所人員訓練機關，提供成為警察必要的「初任教養」課程。成為正式警察之後，仍然必須接受州廳或練習所提供的「補充教養」進修課程。進修課程還有分新任警察的「初任教養」，及定期進修的「特科教養」兩種。定期進修課程則有衛生講習、保安講習、蕃地醫務講習、本島語及蕃語講習等。[3]

簡而言之，儘管經過重重訓練，「大人」們還是必須回到台北的「警察官及司獄官練習所」在職進修，哪怕是被分派到遙遠的鄉下。不過，這也成了外地警察在公務之餘體驗台北都會生活的好機會。以往到台北差勤的外地警察，大多下榻於日本人經營的日式旅館，但自從「警察會館」在一九三〇年十二月一日開館後，大家多了一個住宿的新選擇。[4]

一位任職於後山台東的日本人警察「斧柾生」，在一九三一年的春天，獲得了前往台北出差進修的機會。[5]清晨六點，他已抵達台北火車站，心想等一下就要入住警察

3

台東警察斧柾生的台北紀行

會館，心中湧上一股既期待又不安的情緒。

期待的是，他聽說落成不久的警察會館，是一座美侖美奐的洋式建築，設施齊全，而且住宿費用便宜，值得體驗看看[6]；但他也聽到一些負評，說警察會館有門禁時間，而且只能從正門出入，管制相當嚴格。[7]大部分鄉下地方來的警察多半聞之卻步，最後還是選擇入住一般旅社，圖個差旅期間的輕鬆自在。

但在出發之前，斧柾生接受同事的要求，返回台東之後要跟大家分享這趟住宿的「開箱」感想。這下子，警察會館這一趟是勢在必行了。

頂著長途旅行的勞累，斧柾生為自己安排一個小確幸：他招了一台人力車，連人帶行李一起載到警察會館大門口，付給車夫五錢車資。[8]但當斧柾生抵達目的地之後，他可能會覺得這五錢給得有點心疼，因為車程非常近。警察會館位於明石町一丁目三番地（今南陽街十五號），距離台北車站不到五百公尺，只要走台北車站正前方的表町通（今館前路），在還未到盡頭的新公園（今二二八紀念公園）之前的路口左轉，即可到達。[9]發生這個滑稽的小插曲之後，他才赫然想起去年曾在《台灣警察協會雜誌》看過警察會館的地圖，光看地圖覺得警察會館距離台北車站似乎頗遠，親自走上一趟才知如此之近——早知道，就用走的！

這棟氣派的警察會館是由台灣警察協會所興建，目的是為了紀念昭和天皇服喪三

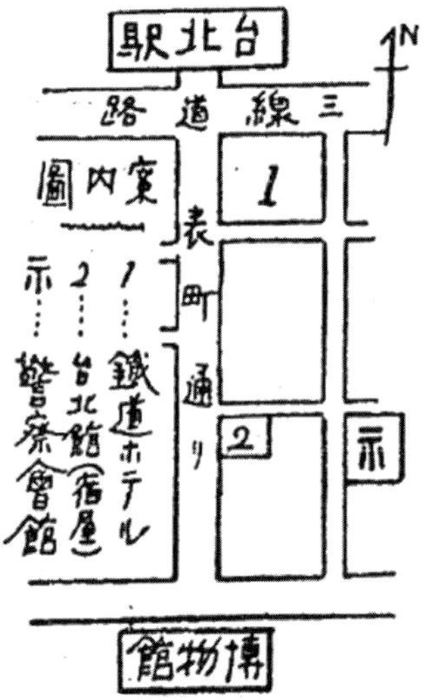

圖 4｜警察會館地理位置
圖片來源：《台灣警察協會雜誌》

年期滿後，於一九二八年十一月十日進行的即位大典，是當時日本內地及台灣本島眾多「御大典紀念事業」的其中一項。台灣警察協會希望警察會館能夠改善警察的工作條件，以此提高工作效率[10]，因此整棟建物從外到內，顯然經過相當精心的設計和規劃。

斧柾生站在會館外頭，細細觀察這幢建築：警察會館的外觀是一棟乳褐色磚造的三層樓鋼筋混凝土建築物，外牆貼著小口型磁磚，腰帶以洗石子裝飾，確實氣宇不凡。[11]作為台灣殖民地警察的代表，這棟警察會館也以摩登現代的外型與權力符號的象徵，成為台灣總督府展示殖民台灣的功績之一，在《始政四十周年台灣博覽會記念　台北遊覽案

圖 5｜警察會館正面外觀
圖片來源：王子碩

內圖》當中，也能看到警察會館的相片與台灣總督府等知名建築物影像並列。[12]

斧柾生望著眼前玄關大門的豪華氣派，完全不能和以前住過的旅館相提並論，一陣猶豫之後，才終於鼓起勇氣踏門入內。但可能是時間尚早，工作人員頗少，只見一位有著蘋果般紅通通臉頰的少女在打掃環境。

斧柾生向少女詢問有沒有空房，少女回答說應該有，但要問負責的「伊東主任」才知道。斧柾生無法馬上得到答案，心裡有點嘀咕。

過了不久，少女口中的「伊東主任」趕忙過來打招呼，為方才的服務不周道歉，表明因開張不久，人員訓練還不夠充分，但請把這裡當作自己家，好好地放鬆一下。

斧柾生沒有為難這位主任，因為這位名為「伊東俊勇」的主任，就是他在練習所學習時的上司。伊東原本在警察官及司獄官練習所擔任書記兼任舍監[13]，為了接任警察會館主任一職，他於一九二九年四月以七等高等官的階級自願離職。[14]他也向斧柾生說，自己就住在鄰接會館的「主任宿舍」，正要全心全意經營會館呢！

接著，斧柾生被帶到三樓客室，他解下行囊，環視房內四周，床鋪、浴衣看起來都是全新的，房間似乎尚未有人住過，榻榻米散發著獨特而新鮮的氣味。伊東主任離開後，他打算洗個澡，去除昨日一整天的舟車勞頓，無奈浴室的熱水要等到傍晚才會供應，只好前往附近的錢湯梳洗。洗完澡的斧柾生全身舒暢，整個人精神起來，回到會館一樓的食堂吃午飯。飯後，他看了看時間，警界的正式餐會要等到晚上，正好有整個下午的空檔。於是，他決定到附近知名的「大倉本店」晃晃，採購要帶回台東的伴手禮。

大倉本店位於榮町二丁目，距離會館只有五百五十公尺。斧柾生這次學乖了，他往南沿著新公園外圍散步十分鐘便抵達目的地。聽說這裡的「草履」（夾腳鞋）防水耐穿，很受好評，斧柾生打算買幾雙回去，贈送給台東的親友。

大倉本店是一家三十年的老店，店主大倉幸三，原為軍人，曾在中日戰爭時守備遼東半島，之後來台編入警察隊，參與台灣全島的平定戰役，後因故退役轉而經商，於一九〇一年開設大倉履物店。[15]

大倉履物店生意興隆，後來擴大為本店、分店兩處。分店是「荒物店」，專門賣廉價的生活道具用品；本店則以販售「下駄」（木屐）、「草履」知名，兼賣時下流行的和洋雜貨[16]，年底經常舉辦「歲暮大賣出」（年終大拍賣），相當熱鬧。[17]

在後山台東工作的斧柾生來到台北，看到大倉本店的店面時，應該是難掩興奮與新奇之感。他必定會經過號稱「台北銀座」的路口，環望四周，大倉本店有著拜占庭式的穹頂與彩色玻璃窗，對面是來自京都的「辻利茶鋪」，另一側是販賣攝影器材的「西尾商店」，另一端則是紅磚白飾帶的辰野建築風格的「新高堂」書店。這個路口，也是一九二三年裕仁皇太子東宮行啟的馬車隊出入總督府的要道，總督府就在繼續往前的不遠處。

朝聖過大倉本店，結束採購行程後，心滿意足的斧柾生返回會館，時刻已接近傍晚。他回房間換了浴衣，打算下樓到浴室洗浴，順便好好參觀一番。在往浴室途中，經過人聲喧騰的娛樂室，看見很多警務局及台北當地警察來這裡打撞球或桌球，但娛樂室和走廊之間只有幾座屏風隔開，娛樂室的人們可以從屏風之間的縫隙看到穿著浴衣的住宿客人來來去去。一時之間，斧柾生為自己穿著浴衣感到不得體，也對於會館的空間配置感到有點不滿。

洗浴之後，斧柾生換了體面的服裝，心裡舒坦許多，眼看時間也差不多了，他便動身前往日式料理店「梅屋敷」參加晚上警界的正式餐會。

梅屋敷位於台北車站西北角，是少數與藝妓組織「檢番」配合的料理屋，並設有「置屋」（藝妓住宿練習所）。[18] 在內地人藝妓的陪酒下，笙歌鼎沸、酒酣耳熱，宴會至夜深才結束。

返回會館時，已超過十一點門禁時間，斧柾生只好硬著頭皮按鈴叫醒值班人員，

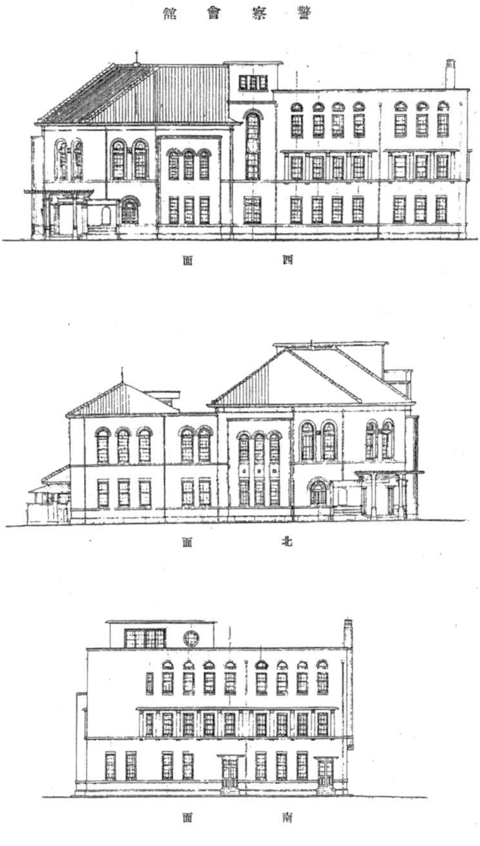

圖 6 ｜警察會館外觀手繪圖
圖片來源：《台灣建築會誌》

才得以入內上樓。進入三樓房間之後，或許因為酒喝多而感到尿急，偏偏廁所離得遠，得經過黑壓壓的小講堂才能到達。斧柾生心想，若是婦女、小孩或膽子不夠大的人，半夜如廁經過此處，恐怕心裡會有點毛毛的。

三個樓層的洗面所和廁所都設在各樓層的相同位置，一樓的洗面所和廁所旁邊還加設了浴室。斧柾生走著走著，又想到傍晚穿浴衣在眾目睽睽之下走到浴室的尷尬感，深感會館應該將洗面所、廁所、浴室，全部往後移到炊事房旁邊，才能改善住宿動線，又能顧及客人體面。

斧柾生住了五天四夜，總共花不到十圓，他雖然對門禁時間及空間配置頗有微詞，但住宿費如此低廉，設備和服務卻一點也不隨便，此般ＣＰ值還是令人相當滿意。

透過斧柾生的住宿體驗，可以大致想像留宿警察會館的感覺。但除了他所提及的部分外，警察會館還有不少重要的設施和功能。例如，會館正門玄關懸掛的「警察會館」橫幅墨跡，是警察協會的總裁，也就是第十三任台灣總督石塚英藏的墨寶。裝潢氣派的「應接室」，只要是會館的住客，都可以在此接待訪客，不限警察協會會員才能使用。「寫真室」主要製作理蕃相關的相片，也以低廉的價格提供攝影服務，例如出差留念、金婚或銀婚紀念等。對攝影有興趣的會員，也可以利用這裡的顯影室沖洗相片。[19] 讓穿著浴衣的斧柾生尷尬路過的「娛樂室」，是會員交流感情、輕鬆休閒的空間，也充作外地北上的會員休憩之用，裡面有撞球檯、乒乓球桌、收音機、留聲機、圍棋、象棋、報章雜誌等，角落還有一間小賣店，以低廉價格供應酒品、汽水、餅乾、水果、日用品等。這裡的店員為不熟台北的旅客們提供各種諮詢服務，也接受短時間寄放行李，相當親切。使用「娛樂室」、「應接室」也不需另外付費，當天往返、未住宿的會員也可以輕鬆利用。

「食堂」鄰接於「娛樂室」，一進門可見醒目的壁紙、雅緻的餐桌、風雅的盆栽、帥氣的服務生，還可以透過窗簾看到戶外的灌木叢，賞心悅目。食堂裝潢高級，卻不會讓客人多花錢，會館規定服務生不可以收取小費，就算客人硬塞也絕對不收。即使只點一杯咖啡或一盤炒米粉，服務生也會親切接待。餐飲的品質或份量，絕不輸市內那些有洋酒、燈光、爵士樂、女侍者的珈琲店（カフエ），而且收費相當低廉。

會館二樓設有「大講堂」和「圖書室」，大講堂可容納三、四百人，中央講壇設計得極為莊重，整座講堂在採光、通風、音效、照明等方面都極為講究，和三樓的小講堂一樣，都是為了因應各種警察演講、研習而設。三樓另有一處「大廣間」，空間氣派寬敞，適合用於結婚宴客及各種典禮。

警察協會在大講堂舉辦活動寫真和各種藝文活動，目的是為警察進行思想文化啟發。但為了促進警察與民眾接觸的機會，也以免費或收費的方式，開放給非警界相關的演講活動使用。根據警察協會在一九三二年的統計，外界借用館內大小講堂作為活動空間的次數，遠多於會館內部或警界相關活動，大講堂的空間和設備，更吸引了許多音樂會來此舉辦。[20]

「圖書室」以增進會員的學識技能為目的，蒐集陳列各種警務相關的圖書和參考資料，將來計畫擴充為警察圖書館。會館環境相當安靜，圖書室更是設在最不受干擾的位置，適合靜心讀書研究。

在會館頂樓，設有一座空中庭園。這裡地處台北市精華區的中心，可以遠看四方。極目遠眺，總督府的高塔立即映入眼簾，新竹方向的中央山脈，三峽、新店、六張犁方向的連綿山脈，七星、大屯的群峰，台灣神社、觀音山、桃園台地，都能盡收眼底。台東鄉下來的斧柾生及留宿於此的警察同僚們，或許都曾來到空中庭園遠眺，感動自己身為日本警察在殖民地為大日本帝國所盡的一份心力。

最後要提到的則是大家最滿意、住過都說讚的住宿費。以最普通的一泊二食為例，房費五十錢、餐飲費八十錢、茶資二十錢，總共一圓五十錢。而當時日本人下榻的一般旅館，入住一晚至少就要四圓（房費二圓、中餐一圓）；若是高級的鐵道飯店，入住一晚最便宜也要九圓七十五錢（房費六圓、早餐七十五錢、午餐三圓）。[21] 相較之下，全新的警察會館只要三分之一甚至六分之一的價格，確實相當經濟實惠。

從日產變黨產的警察會館

透過台東警察斧柾生的這篇珍貴記述，我們穿越時空，造訪了現今已不存在的警察會館，也隨著他的旅程體會到台北銀座的榮景。但這趟時空之旅，也留下了更多的疑惑和懸念：這棟位於台北市中心，保留到今天可能變成博物館或文資景點的警察會館，後來怎麼了呢？

斧柾生如果曾經站在會館頂樓的空中庭園，以身為日本帝國警察為榮，那當時的他大概無法想像，有那麼一天，日本帝國會成為戰敗國，警察這個身分的權力與榮耀，一夕之間失去了意義。

一九四五年十一月二日，日本天皇宣告戰敗的「玉音放送」三個月後，警察會館直接成了中國國民黨台灣省執行委員會（即「省黨部」）辦公處，協助政府展開接收及宣慰救濟等工作。[22]該委員會主任委員李翼中，取代了前警察會館主任伊東俊勇，成為這裡的新主人。[23]

二二八事件發生兩年後，一九四九年十月二十四日，警察會館二樓的「大講堂」已更名為國民黨省黨部的「大禮堂」。[24]在這裡，正在進行一場由《中央日報》籌辦的台北市高中小學「本省籍國語演說比賽」。當天的《中央日報》社論提到舉辦活動的初衷，是希望在文化意義上「成為異族附庸」的同胞能對於「本國文化優美博大悠久的高明的特性，有深切的自覺」，文中指出：

> 日本帝國主義者強迫上述各地民眾學習日本語文，放棄本身生活習慣而代以日本民族的生活習慣，其目的是以文化侵略完成其軍事侵略，是以日本民族的利益為出發點，不是以韓國、金州及台灣人的利益為其出發點，他所欲到達的目標，完全在於同化佔領地的民眾，使其成為日本的順民。……還有許多同胞不能說流利的國語，寫通順的國文，甚且還有用日語日文來代替國語國文的人，這些人就無深切明瞭我們中華民族、中華民國自有其優美、博大、悠久、高明特性的可能，他們既不明瞭本族本國文化優美、博大、悠久、高明的特性，其民族感和祖國愛也就不會十分強烈。[25]

這篇文章一手抨擊日本殖民的文化和軍事侵略，另一手檢討不能說流利國語、寫通順國文，甚至還只能操日語的同胞。然而，這場戰後的「國語運動」與日本時代相比，實是有過之而無不及。

回顧日本時代，儘管殖民者為統治之需，實施國語教育與各種強硬政策確為必然，但殖民者仍認清大多數台灣人只能以台灣話溝通，因此反向對於警察「大人」進行語言教育，並以此為基礎發展衛生管理、疫病防治與各種經濟、治安的管制。

然而，台灣迎來「祖國光復」之後，不僅是日常使用的生活語言一口氣被否定、被遺棄，就連歷史與文化也被無情地割裂、踐踏。日治時期高度配合統治機制，從治安、衛生、經濟方面多方介入民眾生活，深具權威性的警察大人消失了，取而代之的，卻是隱身於暗處監控的特務，與日治時期的特高警察類似，壓迫更勝以往。國民政府甚至還另外組織了文化工作隊，特地下鄉「宣傳主義、宣傳國策、宣傳政令」，進行一番「文化清洗」。[26]

在這樣的狀況下，歷經日本時代的台灣人，要如何不在中華民國的時代裡，說起他們對過往「路不拾遺」、「治安很好」的無限懷念？這種心緒，又是怎樣隱微存在著矛盾和無奈？

回來談這幢直接遭到國民黨佔用的警察會館日產。國民黨省黨部於一九五八年十月搬遷至台中後[27]，便將這棟佔來的警察會館直接移交給台北市黨部，最後被國民黨變賣，淪為私產。

警察會館的現址，如今已不見當時輝煌的建物，而是一家藥妝店矗立原地，成為許多人途經台北車站周邊，採買日常衛生用品，女孩試用新彩妝，或情侶朋友相約見

3

台東警察斧柾生的台北紀行

面的熱門地點。你我匆匆路過，在絢爛的城市燈火照耀之下，鮮少人知道在都市叢林的疊影中，埋藏著什麼樣的歷史和故事。作為台灣人受難的紀念物與共同的財產，在國民黨以佔用或轉售的方式非法取得的過程中，煙消雲散。

回想台東警察斧柾生的這一趟島都出張之旅，他作為殖民時代執行「正義」的身分與形象，以及警察「大人」對於台灣人的治理和壓抑，確有保持距離予以評判的必要。但他卻也悄悄地從歷史的角落提醒我們，有一種關於台灣民主轉型的正義，尚未完成。

註釋

1 木下龍，〈緒言〉，《警察會話編》（台北：株式會社台灣日日新報社，一九一四年），頁一—二。

2 豐田鎗太郎，〈衛生警察用語（其一）〉，《語苑》八—八（一九一四年七月十五日），頁十七—二〇。

3 不著撰人，《台灣の警察》（出版地不詳：台灣總督府警務局，一九三二年），頁一一五—一二一。

4 不著撰人，〈警察會館落成 祝賀會の費用は 霧社討伐の慰問〉，《台灣日日新報》（一九三〇年十一月二十三日），第二版。

5 本文的構成主要參考斧柾生所寫之〈台灣警察會館へ泊るの記〉一文，未出自此文的部分另有加注。參見：台東斧柾生，〈台灣警察會館へ泊るの記〉，《台灣警察協會雜誌》二八（一九三一年三月十五日），頁十四—十五。關於「斧柾生」之名，通常以「XX生」為筆名者，其姓氏為「XX」者居多。但「斧柾」並非日本人的姓氏，查詢現存的昭和八年版及大正十四年版的《台灣總督府警察職員錄》（台灣警察協會版），也未發現有類似姓名的警察職員，因此無法得知此人身分。

6 川上生，〈論文：警察協會並に其の事業に對する批判及希望（三等）〉，《台灣警察時報》二〇九（一九三三年四月一日），頁二三七。

7 協会係員，〈警察協會宿泊部の利用に就て〉，《台灣警察時報》二一九（一九三四年二月一日），頁七八—七九。

8 荒川久，〈附錄台北市人力車賃錢一覽表（其ノ一）〉，《御大典記念台北市六十餘町案內》（台北：世相研究社出版部，一九二八年），頁一。

3

台東警察斧柾生的台北紀行

9 淺野生，〈新裝美々しく成れる吾等の警察會館〉，《台灣警察協會雜誌》一二二（一九三〇年十二月一日），頁十二。台北車站和警察會館之間的距離為四町。一町為一〇九公尺，四町為四三六公尺。

10 石井保，〈年頭所感〉，《台灣警察時報》一七二（一九三一年一月一日），頁二—四。

11 魚夫，〈台北警察會館〉，《台北城・城內篇》（台北：遠見天下文化，二〇一六年），頁五四—五七。警察會館外觀亦可參考魚夫在本文的手繪圖。魚夫未查到關於外牆顏色的描述資料，故以建築師井手薰在一九三〇年後偏好褐色煉瓦的傾向假定是褐色系列外牆。從〈新裝美々しく成れる吾等の警察會館〉一文可以確認外牆顏色為「乳褐色」，魚夫的推測頗為精準。參見：淺野生，〈新裝美々しく成れる吾等の警察會館〉，《台灣警察協會雜誌》一二二（一九三〇年十二月一日），頁十二—十五。魚夫，〈國產變黨產，黨產被私吞——重繪台北警察會館〉，https://opinion.cw.com.tw/blog/profile/194/article/3154（瀏覽日期：二〇一五年八月一日）

12 不著撰人，〈始政四十周年台灣博覽會記念　台北遊覽案內〉，《始政四十周年台灣博覽會記念台北遊覽案內圖》（台北：台湾時事新報社，一九三五年），無頁碼。

13 〈新裝美々しく成れる吾等の警察會館〉，《台灣警察協會雜誌》一二二（一九三〇年十二月一日），頁十二；〈（練習所書記）伊東俊勇（兼任台灣總督府警察官及司獄官練習所舍監台灣總督府警部）〉，國家文化記憶庫，https://memory.culture.tw/Home/Détail?Id=0000309709&IndexCode=th

14 篠原哲次郎編輯，《台灣總督府警察職員錄》（台北：台灣警察協會出版，一九三二年），頁一五三。〈伊東俊勇依願免官、賞與〉，國史館台灣文獻館，https://onlinearchives.th.gov.tw/index.php?act=Archive/search/1-20/eyJzZWFyY2giOlt7ImZpZWxkIjoibGlzdF9kYXRhaWQiLCJ2YWx1ZSI6IjAwMDEwMDU2MDI0MDAwMiJ9XX0% 3D

15 大倉幸三，〈回顧談〉，內藤龍平編，《台灣四十年回顧》（台北：出版單位不明，一九三六年），頁六四—六六。

16 荒川久，〈各町別案內〉，《御大典記念台北市六十餘町案內》，頁五。

17 〈一九三〇年代台北榮町夜景〉，https://www.gjtaiwan.com/new/?p=29239

18 不著撰人，《台湾の旅：始政四十周年記念台湾博覧会》（台北：始政四十周年記念台湾博覧会協賛会，一九三五年），頁二二。

19 編輯室，〈寫真部開設を紹介す〉，《台灣警察協會雜誌》二八（一九三一年三月十五日），頁十四。

20 榊原壽耶治，〈台灣警察協會十五年の歩み（一）〉，《台灣警察時報》二〇九（一九三三年四月一日），頁三二—三三。

21 同註16，頁十六。

22 魏永竹主編，《抗戰與台灣光復史料輯要：慶祝台灣光復五十週年特刊》（南投：台灣省文獻委員會，一九九五年），頁十七。

23 不著撰人，〈國民黨台灣省執行委員會業已開始辦公 主任委員李翼中氏〉，《民報》，一九四五年十一月十三日，第二版。

24 不著撰人，〈本報所辦國語演說賽 今分組舉行 時：九時及九時廿分起 地：省黨部及女師禮堂〉，《中央日報》，一九四九年十月二四日，第二版。不著撰人，〈徐柏園明講演 外匯管理問題 在省黨部大禮堂〉，《中國時報》，一九五四年七月二四日，第四版。

25 不著撰人，〈社論／舉行國語比賽的涵義〉，《中央日報》，一九四九年十月二四日，第二版。

26 不著撰人，〈文工人員訓練班 昨行開訓禮 郭澄致詞期勉〉，《聯合報》，一九五六年三月二三日，第三版。張炎憲，《二二八事件責任歸屬研究報告》（台北：財團法人二二八事件紀念基金會，二〇〇六年），頁三二四。

27 不著撰人，〈省黨部疏遷中部下月起在台中辦公〉，《中央日報》，一九五八年十月十八日，第四版。

Vol.
4

坐擁飛機，也飛不出黨國隻手遮天

台中富商吳子瑜的天外天愛國換產錄

鄧慧恩

人上人吳子瑜與天外天傳奇

長久以來，「在天中飛行」一直是人類文明和科技發展希望企及的夢想。從氣球、飛艇，到和鳥一樣擁有翅膀的航空器出現，美國人萊特兄弟的固定翼飛機控制系統，終於讓現代飛機得以實用。

儘管如此，也不是隨便誰想飛就能如願飛上天。台灣歷史上第一位飛行員謝文達，從小就矢志飛天，在師長支持與富裕家境的背景下，他前往日本學習飛行技術，以優異成績畢業，成為台灣人眼中的英雄明星。後來他開著飛機為「台灣議會設置請願運動」在東京上空撒傳單，堪稱激勵民心的創舉。

另一則「飛行傳奇」則是：擁有私人飛機，想上天就上天，愛去哪就去哪，那個人就是出身台中富商之家，中部著名仕紳吳鸞旂之子，吳子瑜。

吳子瑜，字少侯，又名東碧，號為「怡園主人」。他的號雖然叫「小魯」，但其實一點也不魯。畢竟他的父親吳鸞旂身為名流富紳，擔任多項要職，出身優渥的他，自然為人豪爽，出手闊綽，時常一擲千金，面不改色。時人戲稱他叫「東碧舍」，但他不以為意，非常懂得享受生活。

4

坐擁飛機，也飛不出黨國隻手遮天

當他買下台灣第一架私人飛機時，台灣還沒有私家汽車。也就是說，在那個台灣土地上還沒有汽車在跑的時候，吳子瑜已經坐著飛機，在他經商的中國北平、上海與台灣各地上空飛來飛去。[1]

對於中國，吳子瑜有一份相當特殊的情感。他在日本領台後，選擇恢復中國國籍，把原籍註記為福建漳州府龍溪縣，更將自己的事業重心放在中國，熱衷投身於中國相關事務，由此可知他的國族認同。吳子瑜甚至將一對兒女分別以北京的古名「燕京」命名為吳燕生、吳京生，可見他對中國的孺慕之情有多深厚。[2]

除了私人飛機以外，吳子瑜最為人津津樂道、最廣為人知的一項「傳奇」，非台中的「天外天劇場」莫屬——二〇二一年，一群被嘲弄為「文化恐怖分子」、關心文資議題的人士為之呼籲奔走，縱然引起了許多媒體、民眾關注聲援，但天外天劇場仍難逃被拆除的命運，就此成為台灣歷史與文資保存的又一大缺憾。

這座引人注目的天外天劇場，竣工於一九三六年，可以說是台灣日治時代最華麗的歐式劇場。仕紳張麗俊在正式啟用前有幸搶先參觀，隨後有感而發：「其肇基之鞏固，洵用鐵根以英灰凝就，其規模之宏壯華麗與東京寶塚無二。」[3]以張麗俊的說法，台灣人曾經擁有一座劇場，能與至今仍有無數觀眾前往朝聖的「寶塚」相提並論！

天外天劇場於拆除之前，雖然已經荒廢多時，但歷經了環境的考驗與時間的洗禮，

❶ 圖 1 ｜天外天劇場中的歐式設計

❷ 圖 2 ｜天外天劇場招待券

圖片來源：李宜芳，《尋找・天外天》

仍看得出它當時的宏偉壯麗，以及建造者的財力與用心。

當時的木造建築造價及材料相對低廉，一般家屋甚至官方的公共建築大都採木造，即便要講究一點，最多也只採磚造加混凝土的工法。但吳子瑜考慮到，作為劇場，觀眾的視覺體驗相當重要，一旦柱體面積及跨度空間沒設計好，勢必會切割到觀賞範圍與觀眾視線。因此，他慨然採用新式的鋼筋水泥建造這棟三層樓的劇場，同時因應台灣多地震的特性，增厚鋼筋混凝土的壁體，足足比日本當時的建築規範厚了近兩倍。

吳子瑜更延請日籍建築師齋藤辰次郎進行設計，以美式劇場案為參考藍本，加入東洋的劇場設施，加上鋼構屋架、鋼板樑輔助，以大跨度空間來設計，除了一樓以外，其他空間盡量開闊，形成沒有柱子阻礙的視野。此外，齋藤辰次郎跳脫了劇場多為矩形的設計概念，大膽創新地啟用以承重牆規劃劇場建築的量體。這也得力於吳子瑜在經濟和理念上的支持，才能展現、實踐了齋藤對劇場建築的新見地。

華麗的鐵製雕花窗、精緻的磁磚貼面、由十六支 Pratt Truss（普拉特桁架）組立而成的獨特屋頂設計……諸多細節，都讓我們看到了這棟建築的細緻工法和講究之處。在劇場內，除了豪華的六三〇席觀眾席以外，也設計了食堂、咖啡廳、舞場與喫茶店等活動與商業空間。這樣的設計，顯然是有意要招攬更多店家，共同帶動南台中周邊的商業活動。這也突顯了當時日本人只注重台中車站前的商業區的現實。

圖 3 ｜突破矩形設計，以新式鋼筋水泥築成的劇院空間。
圖片來源：李宜芳，《尋找・天外天》

❹ ❺ ❻

圖 4｜鐵製雕花窗
圖 5｜天外天劇場開業紀念杯
圖 6｜圓頂鐵架
圖片來源：李宜芳，《尋找・天外天》

除了前述的設計突破，天外天劇場在建築工法上還有更為驚人的水準。例如劇場內的洗手間，存留了日治時期細緻的磁磚拼貼工法，在牆貼面的轉角處，竟能讓磁磚形成完美的彎曲弧度，一方面避免銳利直角傷人，另一方面也大幅降低磁磚可能因撞擊而破裂的風險。

這種配合弧度轉角的磁磚工藝，以其往內或往外的彎曲，可分為「內竹」與「外竹」，是由日本匠師引進台灣的技法，當時台灣本地與中國都沒有這樣的技術。而這種技術的起源，應該是受到日本弓道的影響，因為在弓道術語中，竹弓的型態稱作「成り（なり，nari）」，不同地區製作的竹弓具有不同的彎曲形態與曲線特徵。

現代磁磚仍有「內竹」、「外竹」設計的產品，只是需要特殊訂製，不僅造價貴，也很難找到熟悉工法的師傅施作。此外，在一九三〇年代，日本和台灣已經普及使用的是黃褐色磁磚，但天外天劇場使用的是青綠帶灰的磁磚，引入了一片碧綠溫潤的生命力，然後兀自在時光的流逝中煥發著青綠色澤。

天外天劇場的牆角設計也頗具巧思。雨水從簷口滴下後，被引導至排水溝槽中，再由排水系統順利排出，不致直接滴落使地面濕滑。許多精心設計放在今日來看，依舊毫不遜色，以這樣的建築規模與品質，說天外天劇場當時的造價比建造台中火車站還貴，在驚嘆之外，倒是完全不讓人意外。

4

坐擁飛機，也飛不出黨國隻手遮天

從吳子瑜個人的財力、美感與生活態度，以及這座堂皇富麗的劇場來看，吳家本身在台中就是一個傳奇。然而，劇場在建成之後，「天外天」與周邊居民百姓，乃至於和整個台中城、台灣史互動的歷史，又讓這個傳奇本身增添了更多傳說的色彩。

從「天外天」的名字說起。天外天之所以叫「天外天」，是因為吳子瑜疼愛的女兒吳燕生對父親說：「你已是人上人了，不如就取名為天外天吧！」[4]就此得名。也有人說，這個名字得於劇場建築高聳，若從高處眺望，這棟建築顯然是當時天際線的搶眼標的，還可與台中驛相望，能體會「天外有天」的感覺。

天外天劇場的屋頂也有故事。一九三八年，為了配合戰爭動員，政府當局規定高樓層建築必須進行防空塗色偽裝，避免成為敵機攻擊的目標。但一身反骨的吳子瑜卻偏偏把天外天劇場的屋頂漆成顯眼的紅色[5]，表示沒在怕的。

天外天還有兩件軼事值得一提。傳說吳子瑜在「樂舞台」聽上海戲班唱戲時，一時內急離座上廁所，不料位子卻被佔走。當時傳統戲院空間都不大，觀眾席只是簡單的木條長板凳，無座可找但又愛看戲的吳子瑜當然要把位子討回來，只是對方也不是省油的燈，以「椅子又沒寫你的名字！」斷然回嗆。結果，吳子瑜決定建造天外天劇場時，遂將場內的鐵製椅背都鑄上自己的名字「吳子瑜」三字。[6]可惜據傳戰爭期間，這些鐵鑄座椅都以戰備物資為由被徵收，目前已不見蹤跡，無從驗證傳說真偽。

另一件軼事，則是有附近的居民回憶道，天外天劇場的二樓大廳主牆上，除了一個大大的「天」字，左右兩側還各有一張黃虎旗幟——你沒想錯，就是台灣民主國的那張黃虎旗。如果回憶為真，旗幟仍存，這些圖案都被掩埋在後來承租此處的冷凍廠內。

為了冷藏效果，廠商在牆面塗了隔熱黑漆。文史工作者曾以各式科學儀器探測，試圖想找尋圖案痕跡，但只找到疑似天使的手部繪痕，而不是眾所期待的虎爪。專家認為，當時參考歐式的劇場設計空間，牆面配置極可能是類似文藝復興的天使報喜圖。而從吳子瑜的國族認同和落成當時的政治局勢來看，台灣民主國的黃虎旗，應該是不會出現在天外天的牆面上。

光是椅子、壁繪，就能傳出這些令人印象深刻的軼事，更遑論庶民的記憶與經驗，對於這一棟頗能代表台灣人出頭天的華美建築，能有多少投射和想像，甚而與歷史的大敘述分岔相左。

然而，天外天的命運，以及台灣的歷史，在某個時刻是真的分歧了。從戰前來到戰後，天外天劇場因為經營困難，曾經改組，後來改名國際戲院。天外天一路變成倉庫、冷凍廠房、樓梯連接周邊風化場所，一九九〇年代更曾轉作鴿舍、釣蝦場、遊藝場、停車場……

這個歷史的分岔點，從天外天的轉賣開始。而天外天的轉賣交易，竟然和孫文有關。

天外天換梅屋敷，愛國心成了國民黨提款機

前面提到，吳子瑜雖出身台中仕紳之家，但對於中國，始終有一份特別的認同。這樣的情況並非吳子瑜獨有，例如當時同樣選擇中國國籍的，還有當今政治人物連戰的祖父、連勝文的曾祖父連雅堂（連橫）。

也正是出於這份對中國的認同，使得吳子瑜將經商大本營鎖定在中國，對中國事務也特別投入。他不僅資助北洋軍閥直系首領吳佩孚（女兒吳燕生更是吳佩孚的義女），對孫文革命也大有贊助，更曾捐助鉅額款項給國民黨，蔣介石還因此頒贈「義風可欽」的匾額。[7]

根據歷史記載，孫文一共來訪台灣三次。除了一九二四年來台的第三次只將船隻停泊在基隆外海沒有登陸之外，孫文於一九〇〇年、一九一三年都曾入境台灣，其中以一九一三年的造訪最為著名。

當時，孫文討伐袁世凱失敗，在胡漢民的陪同下來台，乘撫順丸在基隆上岸後，

由台灣總督府派人護送至台北，入住梅屋敷。那次造訪，孫文不但會晤了翁俊明等人，也遊歷了諸如赤崁樓、日月潭等名勝景點——出於此回因緣，國民黨政府遷移到台灣後，有了將梅屋敷與孫文連接的想法，繼而衍生出後續「國父史蹟紀念館」一事。

梅屋敷，可說是一段「女力」的故事。在台灣割讓給日本的隔年，來自兵庫縣的藤井なみ與女兒登美惠渡海來台，他們最初在一家名為「東」的料理店工作，後來接下這家店的經營權，改店名為「吾妻」，美味的料理好評不斷，從在台日本人傳到本島人耳中，成為日本宴會料理的名店。

吾妻旅館專營日本料理，原址位於現今館前路與忠孝西路交叉口。和他們對街抗衡的是西式旅館「台北鐵道飯店」，即今日新光三越百貨站前店的位址，無論以前或現在，都是戰前台北驛、戰後台北車站前的兩大地標。一九〇五年，藤井なみ與大和辰之助共同成立了敕使街道上的「梅屋敷」，頓時成為政商名流宴客的首選，吾妻旅館也於一九一一年併入梅屋敷經營。

女兒登美惠，是個性溫良瀟灑，美貌與經營頭腦兼備的女子。在多為男性主導的旅館業中，她以女性的細心和手腕獨樹一格，做出了自己的事業，被稱為女中豪傑。只是登美惠因病早逝，在沒有繼承人的情況下，母親藤井なみ將吾妻旅館交給養子、梅屋敷合資老闆大和家的五子藤井悟一郎經營。以目前紀錄所見，他和招待孫文的梅

圖 7｜日治時期梅屋敷擁有種植梅樹的廣大日式庭園。
圖片來源：國家圖書館「台灣記憶」系統

屋敷主人大和宗吉是兄弟關係。

孫文在梅屋敷住宿期間贈予宗吉的墨寶「博愛」、「大同」，理所當然地變成了日後國父史蹟紀念館的重要展品。然而，因為時代、區域的不同，梅屋敷本身其實有著非常多元的族群經驗、地景記憶與歷史價值。

先說「梅屋敷」這個名稱，其實不只台北有「梅屋敷」，它在日本原本就是一個相當常見的地名或商店名，因為「屋敷」在日語中就是「宅邸」的意思。而出現在台北的「梅屋敷」，日本人認為它位於敕使街道（即今日的中山北路），本島台灣人會說它在「台北驛」附近，梅屋敷在戰後接收時登記的地址則是北門町十九號。由此可見，同一個地方在不同的時間和社群當中，具有完全不同的空間感和認同感。

梅屋敷見證過許多歷史場景。例如名律師川瀨周次曾在此舉辦模擬十數間日本內地各式店鋪的園遊會，以娛來賓思鄉之情，賓客五百多名，賓主盡歡。[8]辜顯榮為了感謝天皇頒授五等勳章，也曾在此處舉行謝宴[9]，當時的總督佐久間左馬太曾受邀參加。除此之外，還有許多高官名流的餞別會、新年會在此舉行。第一部以台灣為主題的紀錄片《台灣實況紹介》，更特別取景梅屋敷的藝妓舞蹈，在當時堪稱一絕。[10]

梅屋敷還有一個特殊的歷史意義，那就是二戰後作為台灣人與「新國歌」接觸的第一現場。

二次大戰結束後，台灣人歡欣鼓舞地「迎接祖國」，有人問起國歌究竟怎麼唱？時代變了，國歌絕對不是日本國的「君が代」吧！在電台工作的音樂家呂泉生遍尋不著答案，便親自走訪當時國民政府為籌備接收事宜，設置於梅屋敷的前進指揮所，想請裡面的官員教他們唱國歌。

結果呂泉生的問題問倒了一堆官員，在場的人沒有一個可以回答他。還好有一個會講台語的人對呂泉生說，他們在大陸只聽過「黨歌」，沒聽過「國歌」，開會的時候大家都是唱黨歌。回到電台後，呂泉生仔細研究起中國國民黨黨歌，因為歌詞內容艱澀，意思不明白，他還聯絡上其他會國語的朋友一起研究。後來大家才恍然大悟，原來黨歌就是國歌。[11]

戰後，梅屋敷原由長官公署祕書處接收為公產，作為政府招待賓客之用，並按照規定辦理取具財產清冊送該會備查案。但在台灣省行政長官公署事務科於一九四六年四月二十三日上呈的簽呈裡明確指出，國民黨台灣省黨部表示，為了紀念國父史蹟需要該屋，經奉長官面囑由公署接收後，將屋內一切應用物品逐一點交省黨部驗收保管使用。

透過解密檔案，我們看到國民黨不僅無償獲得梅屋敷的建物及土地，清冊內所列食器、煎台、金屏風、卷軸、茶台，甚至連電動機馬達幫浦等等器具，也都全部移交給黨部。在一份財產清冊看到這些器具的估價，估計達到當時幣值五十五萬六千八百九十九元五角八分。[12]

但對國民黨來說，取得梅屋敷之後的問題，可能比怎樣佔有它更令人頭大。因為經過二戰空襲，梅屋敷在戰火摧殘下殘破不堪，無法即刻使用。不過，這個修繕的大難題，最後竟然在天外天主人、台中富商吳子瑜身上得到解套。

具有中國情懷，且於一九一〇年與孫文曾在上海互動過的吳子瑜，經由丘念台的牽線，毅然擔起承租、修復梅屋敷的責任。但經濟狀況在戰後大不如前的吳子瑜，要如何承擔這筆鉅額款項？想當然爾，他只能賣掉戰前籌建的、那座造價超過台中火車站的天外天劇場，用來「認養」梅屋敷。梅屋敷的修繕費用初估為五十萬，但最後因為物資飛漲等種種原因，總共耗去兩百多萬元，皆由吳子瑜支付。

一九四六年五月一日，吳子瑜與國民黨台灣省黨部代表高拜石簽約，合約內容載明將梅屋敷劃分為兩部分，一部分為國父史蹟紀念館與黨員遊藝室，另一部分則設計為「新生活賓館」。

看到「新生活」這個關鍵字，大概許多人都會回憶起教科書裡曾提到的「新生活運動」。這場「新生活運動」，簡而言之，就是蔣介石於一九三四年在南昌提出的公民教育運動，提倡紀律、品德、秩序、整潔等美德，說明「禮義廉恥」的重要，並具之衍伸出「四維既張，國乃復興」的主張，藉以呼籲中國全民準備對日抗戰。

或許是為了讓台灣也有一點「參與感」，強化中國與台灣相互呼應的連結，在國父史蹟紀念館內經營宿舍、餐室、茶室的空間，也因此被冠上了「新生活」的名稱開始運作。換句話說，國民黨在日本統治時期遺留下來的日式旅館裡，以「新生活」重新命名空間，更不費任何成本，只以紙本公文往來，就能以不法手續取得所有權，還順便召來了台灣富紳負擔龐大的修繕費用，可謂最大贏家。

至於這份承租契約的內容是什麼呢？契約寫道：新生活賓館的葺修繕建，悉由承租方負擔，房租一萬元（不確定是否為每月上繳），承租人經常性捐獻紀念館兩萬元，若物價飛漲或住宿費加價，則出租方可隨比例增加收租。在紀念館部分，承租人除了一次性提出捐獻金以及租金的三十%作為修繕之用，承租方也需要「酌為」捐助。

以現代的概念解讀這份契約內容，說國民黨是「惡房東」真的是一點也不為過。但大概是愛國心使然，已不如戰前闊綽的吳子瑜，竟仍願意接受這樣的不公平契約。只能說吳子瑜在簽約內容上，真的「小魯」了。

這份租約約期為五年，載明時限到期之後，再視情況續約。不過目前新生活賓館留下的資料甚少，且吳子瑜也在契約到期前後逝世。這段愛國心被當提款機的故事，便逐漸為人淡忘。[13]

新生活賓館與二二八

我們都知道歷史向來不會停下腳步，但當我們重新梳理歷史時，透過一些細節、一些因果，可能會更感覺到，它的步伐非但不曾停下，而且一點也不留情，甚至充滿諷刺地，從當時的人，甚至從我們身上踩過。

新生活賓館承租契約簽訂後的隔年（一九四七），發生了二二八事件。

旅居上海的台灣人得知這樁消息後，有六個台灣同鄉團體組成「台灣二二八慘案聯合後援會」，經內部商議，於三月十日飛抵南京，向有關機關提出應迅速平亂的呼籲和具體訴求。

當時，在南京的蔣介石已經發表幾項決定：一、決不用武力鎮壓台人，二、台灣的政治經濟機構，中央將作適當的調整，同時指派國防部長白崇禧到台宣慰。當天下午，白崇禧召集京滬台灣代表團晚宴，代表團表示，願意在宣慰大員赴台之前，先做準備工作。但這些人還不知道，當他們在南京請願時，國軍第二十一師已經在基隆登陸，準備鎮壓屠殺行動。

三月十一日，一行總共十六人的代表團，在國防部長白崇禧令下，由南京空運大隊派出專機，自南京起飛，目的地為台北，期間經上海龍華機場降落，接齊其他代表成員。全團包括楊肇嘉、張邦傑、陳重光、張錫鈞等計十一名台灣籍代表，同機成員還有國防部人員和媒體記者，專機於當天下午五點左右降落台北松山機場。

此時，台北路上已經看不見百姓路人，放眼皆是武裝軍人，軍用卡車上裝著機關槍巡梭示威，商店和民家大門緊閉。因為陳儀下令嚴查行人，只要有四五個人走在一起就開槍掃射，因此街上無人敢走。

眼前的景色充滿失序與恐懼，代表團在危險紛亂的街市中找不到住處，只好回到

4

坐擁飛機，也飛不出黨國隻手遮天

長官公署對面，走進由梅屋敷變身而成的新生活賓館。恰好團員中有人認識賓館主人吳子瑜，賓館才在已經住滿的狀況下，打開國父史蹟館的空間供代表團休息。

不過代表團員很快發現，他們正被大批憲兵和便衣監視著，就算是去洗手間也有人跟著。晚上十一點，先去面見陳儀的代表回到賓館，他們帶回的是無濟於事的消息：陳儀要代表團一行人隔天早上九點搭乘原班飛機回上海。

這個夜晚，對梅屋敷內的所有人來說，特別漫長。好不容易捱到早上，大家才驚覺到，包括代表團成員在內，所有的住客都不准出入。有些背景來歷的旅客想離開，也必須事先得到憲警的准許，通過行李檢查才可以放行。整座漂亮的旅館無法倖免，肅殺之氣由外而內滲透而來。

隨團而來的記者描述當時已經六十二歲的賓館主人吳子瑜的反應：「縮在長廊深處，探頭探腦，神色慘白，活活勾描出『驚弓之鳥』一副可憐的模樣。」這一行代表團員，不乏他過往吟詩唱和的老友、世交，不料戰後重新在故鄉台灣相會，竟是如此場景。曾經豪氣干雲的東碧舍，藏身在那條長廊的盡頭，往外望，看到的不知是縈繞不去的黑色鬼魅，還是冷冽初春呼出的白色喟嘆？

就在眾人被籠罩在不安與恐懼的氣氛當中，不知所措之時，柯遠芬參謀長突然帶著護衛、穿著正式戎裝「惠臨」賓館，說要找老朋友，也就是代表團團長張邦杰「隨便談談」。這場談話歷時約三十分鐘，讓所有人如坐針氈，談話內容一直誇耀自身的武力，認為當月二十日以前，完全可以用武力鎮壓台灣民眾。

當代表團以為事情結束可以離開的時候，只見柯參謀長閒情逸致地從庭園踱出來，派好的密探、幾位長官公署的幹員也走了出來，像是要送行。不過這個隊列，還多了荷槍實彈的憲兵踞坐左右兩排，擺出射擊列式，一一「目送」代表團登上長官公署安排的車輛——有人敢輕舉妄動，就送去另一個世界。而賓館的女侍將行李恭謹地送上，一位天真的台灣女孩，用不熟悉而蹩腳的國語問：「幾時再來？」[14]

代表團回來台灣的時節，正逢杜鵑花季，但他們並沒有感受到春意初萌的「光復」，此年此月的心情，只能化做一句「誰能料想三月會做洪水！」[15]的天問與感嘆。「幾時再來？」對某些人而言，已是不敢回答、也無法回答的問題。

隨著時間過去，梅屋敷的名稱漸漸在歷史中被淡忘。國父史蹟紀念館雖然存在，但很少人知道為什麼裡面要展出抗戰時期的文物，更鮮少有人覺得日式建築配上中國式的園林設計有什麼不對勁。當然，更不會有人知道國父史蹟紀念館的背後，曾經有一個赤誠的愛國富商吳子瑜，以及他貢獻的一片天外之天。

品味梅屋敷，重返天外天

歷史的知識，能因應社會政治的變遷，一點一滴滲透，產生許多作用。它同時也有方向性，和羅盤一樣，帶領我們辨識方位，讓我們思考未來的方向，也能協助重建歷史記憶。換言之，歷史，和我們的政治結構、認同關係密切。我們必須在社會、政治變遷的時空脈絡當中，不斷建構我們的歷史知識，我們也必須在這樣的脈絡中，成就我們過去的歷史。如果這樣的脈絡一再地被破壞，我們失去的，又豈止是眼前看見的？

看得見、算得出來的損失，具體呈現在不當黨產的處理過程中。

中國國民黨台灣省黨部以國庫預算「轉帳撥用」作為日產的梅屋敷，但按照當時規定，機關轉帳撥用的房屋只有「使用權」，所有權仍為政府所有。國民黨為了繼續無償使用這些國家財產，在取得房屋所有權後，於一九五四年再向台灣省政府要求將所屬基地一同轉帳，如此一來，便順理成章地無償取得土地產權。

更不正義的是，國民黨先以不義手段免費取得公有財產，但若之後政府有徵用需求，國家還得另外付費買回來。在眾多個案當中，梅屋敷可以說是身價甚高的一例——一九七八年、一九九五年，梅屋敷被台北市政府徵收作為逸仙公園之用，國民黨還獲得徵收補償金六點五億元（準確金額為六億五千九百八十九萬二千一百七十七元）。還能有比這更划算的無本生意嗎？

然而，在數字背後，那些看不見的、無法估算的損失，莫過於台灣這塊土地珍貴的歷史記憶。特別是台灣的歷史，經常因為政治的壓抑、教育的斷裂，而與台灣社會長期疏離，淡薄於台灣人的記憶和日常。

但伴隨著台灣民主化的解禁、台灣學的研究與創作，有許多被隱蔽的台灣歷史，當前正在一一浮上水面。

梅屋敷的歷史，或許消失在國父史蹟紀念館的背面，但對喜歡看漫畫的新世代讀者來說，或許可以從一些文史改編的圖像影視作品，重新接觸到這些被遺忘的人事物。例如二〇二〇年出版的台漫《友繪的小梅屋記事簿》，作為故事場景的一九二〇年代台北料亭小梅屋，正是以梅屋敷為原形發想的本土故事。漫畫家清水考據史料，透過資料庫查詢當時的地景，加上實地踏查，在漫畫中重現日本時代的空間感。更關鍵的是，作為主題的「料理」，在作品中也獲得詳盡的考證與再現。

從料亭的角度出發，這部作品以就讀台北第二高等女學校的友繪作為主人翁，看她如何在幹練的奶奶和溫柔的媽媽注視下精進自己，期待有朝一日能獨當一面，串起台日飲食的交流。不管是書中所繪的八寶鴨，「炸完後蒸成金黃色的全鴨，切開後裡

圖 8｜清水，《友繪的小梅屋記事簿》
圖片來源：蓋亞文化

面竟然不是骨頭，而是香氣逼人的糯米蓮子香菇飯，糯米飯與鴨肉混搭入口，滋味絕美」，還是專賣饅頭、糰子和羊羹等日式點心的本町一六軒或是榮町風月堂，梅屋敷都在我們對於歷史的追尋與再現中，成為台日飲食文化的歷史座標。

至於為了成全黨產而被轉賣，就此改變命運的天外天，儘管面貌大不如前，但在各界文資人士四處奔走，想方設法之下，各式歷史資料大量出土，證明天外天劇場的文資價值與重要性。只是，台中市日治時代四大戲院至今僅存的天外天劇場，經過長達六年的文資審議，在所有權人無照強拆、公權力軟弱不彰的狀況下，最後仍沒獲得古蹟或歷史建築等文資身分，被怪手拆得只剩瓦礫土堆。吳子瑜的故事早已落幕，天外天劇場也真正走入了歷史，而歷史灰飛煙滅，只能透過吳家後人為天外天劇場留下的VR影像與紀錄片，作為喟嘆與緬懷。

我們也期待，未來有更進步的技術，讓天外天能被重現、記得。更希望新世代的台灣研究者、創作者，能以大膽的嘗試與想像，重新建構一種觀看歷史的方式，不僅共同創造更多台灣作者、讀者都能引以為傲的光輝時刻，也藉由更多的文本再現，引領大家共同踏上追溯歷史、爭取權利，讓公眾利益正確歸位的道路。

註釋

1 花松村，《台灣鄉土全誌》（台北：一中，一九九六年），頁二七三。
2 吳佳育，〈吳子瑜、吳燕生父女生平事蹟考述〉，《被遺忘的台灣人：林子瑾、吳子瑜、吳燕生學術研討會論文集》（台南：國立台灣文學館，二〇一八年），頁一五五。
3 《水竹居主人日記》昭和十年（一九三五年）十二月三日。
4 李宜芳，《尋找．天外天》（台北：前衛，二〇一七年），頁六三。
5 〈台中に赤屋根　南台中に聳立する　天外天劇場の非常識〉，《台灣日日新報》，一九三八年二月，第五版。
6 同註4，頁四七。
7 同註2，頁一四八。
8 〈梅屋敷の園游會〉，《台灣日日新報》，一九〇五年十一月十二日，第五版。
9 〈辜顯榮氏之園游會〉，《台灣日日新報》，一九〇八年二月二日，第九版。
10 〈台灣紹介活動寫眞（承前）　梅屋敷と藝妓の手踊〉，《台灣日日新報》，一九〇七年五月十五日，第五版。
11 陳郁秀、孫芝君，《呂泉生的音樂人生》（台北：遠流，二〇〇五年），頁一五〇—一五二。
12 梅屋敷相關財產移交檔案請參考：「梅屋敷旅館接收日人私產清冊及省黨部接收保管清冊函送案」，國史館台灣文獻館文獻檔案典藏號：00326700002013。
13 梅屋敷改為國父史蹟紀念館的過程可參考：「國父史蹟紀念館改設新生活賓館案」，國史館台灣文獻館文獻檔案典藏號：00312920003002。

14 本段史實可參考以下資料：一、〈台灣旅京滬七團體關於台灣事件報告書〉，收錄於鄧孔昭，《二二八事件資料集》（台北縣：稻鄉，一九九一年），頁三二五—三二九。二、慰問團記者，〈台灣十小時〉，收錄於上述同書，頁一九七—二〇三。

15 語出吳新榮詩作〈誰能料想三月會做洪水〉。

Vol.
5

立足帝寶不是夢

中廣的「寶」地接收記與廣播心戰史

鄧慧恩

不只豪宅，現在一切都遙不可及

圖 1｜知名豪宅「帝寶」
圖片來源：陳宇威

如果請大家舉出幾間「豪宅」，相信很多人的回答一定不會漏掉「帝寶」這兩個字。儘管沒住過，也未必親眼看過，但透過媒體報導，以及許多政商名流、群星名人的出入渲染，這一系列外觀富麗、內裝豪氣的住宅，以每坪三、四百萬且逐漸高漲的買氣而引人注目，早已是台灣人心目中居高不墜的豪宅代名詞。

相信很多人曾經好奇，甚至幻想過自己就住在這樣的豪宅裡，享受不一般的視野和體驗。但看到那個令人咋舌、難如登天的價位，大家應該真的只能用想的，嘴巴上過過乾癮罷了。

對一般的資產階級、青年族群而言，更

5

立足帝寶不是夢

實際的問題應該是：「到底要不吃不喝多久，才能在台北買一間能遮風避雨、成家立業的房子？」

這個已經不新鮮的話題，最新鮮的答案是：如果不是原生台北人，在台北有家產，以平均薪資計算，不吃不喝，要十二點八年才有辦法立足大台北。

問題是，誰能不吃不喝，就只為了買一間房子呢？

當前年輕人的身上，有學貸、有車貸、有房租，有的人還需要給點孝親費，在萬物齊漲卻只有薪水沒漲的「薪情」當中，怎樣都要吃掉大半，所剩無幾。當你我冒著雨騎機車上下班經過「帝寶」或其他豪宅時，心中實在難免浮現一股「魯蛇」之情，「青貧」、「社畜」、「小資」……這些半點不像人、只能自我安慰的標籤，一個個往身上貼。即使有名嘴高人建議不用買在繁華的「蛋黃區」，可以屈就「蛋白區」，但這一切其實都跟你我無關——因為很多人真的連蛋殼都攀不到，只能住蛋盒上，或是拿真的紙蛋盒來糊個小箱子也可以。

我們大概只能在意，超商賣的茶葉蛋為什麼從八塊漲到十塊了？

台灣已經成為全球生育率倒數第一的國家。許多有關「少子化」現象的研究報告都指出，「房價所得比」持續攀升可能是主因。這個問題讓台灣年輕人似乎只能成為「全拋世代」。首先是三拋：拋棄戀愛、結婚、生子的打算，接著拋棄社交生活、買房子的可能，最後連夢想、希望都拋棄了，那還剩下什麼？

你看著「居住正義」的論述，看著某些成功買房的經驗，心裡想著：翻身若只能「靠爸靠媽」，靠自己辛苦存下來的一點點錢，還得加上家人最後的臨門一大腳，這到底是哪一國的正義？所以，在哪裡跌倒，就在那裡躺著吧！

但話先別說得太早。儘管現況如此，在歷史上還是不乏有人挺身而出，希望可以在艱難的處境中，維護自己的居住正義呢！

一九八〇年代，台灣房價快速飆漲，台北都會區的受薪階層從那時候起就為高房價所苦。當時，有一些在國小任教的老師發起「無住屋者自救委員會」，後來也吸引了一批具有都市計畫能力的專業人士、學生，以及熱心而有感的市民加入。一九八九年八月二十六日，有五萬餘人響應了這場「無殼蝸牛運動」，人們帶上了自己的睡袋、帳棚，夜宿忠孝東路，挺身抗議高房價。

「忠孝東路」對於年輕世代來說，或許是課後補習、假日休閒逛街的去處，百貨公司在此林立，每逢週年慶就殺成一路的折扣促銷大戰。但當時的忠孝東路還沒開這麼多百貨公司，捷運也尚未出現，抗爭高房價的大部分市民，眼睜睜看著忠孝東路周邊發生變化：農田中開始畫出道路，「長出」了商家，百貨公司裡面賣的是公教、受薪階級買不起的名牌。這就是一九八〇年代台北市都心東移的結果。如果大家得空，

5

立足帝寶不是夢

不妨找找八〇年代「黑名單工作室」的第一張專輯《抓狂歌》，那是當時walkman（隨身聽）絕不能缺席的一張專輯，裡面有一首〈台北帝國〉，歌詞寫道：「忠孝東路喔～鬧較過去，鬧較過去～鬧較過去就是墓仔埔」這不僅是過去真實的地理寫照，也是當時人們對房價高漲、金錢遊戲的迷惘，更是對後來泡沫經濟的精神失落。

當時忠孝東路的房價一坪喊到五十萬，這對人們來說已經是天文數字。但如果是現在的我們看到這個地段出現這種價格，心裡可能反而覺得「便宜」。然而這種數字已經不可能出現，甚至自己也絕對還是買不起。我們依舊在租屋、當房奴的夾縫中掙扎著一口氣。

或許可以再把抗爭的故事往前說一點，當時響應「無殼蝸牛」運動，在忠孝東路上奮力表達訴求的人們，並不是史上第一批抗爭居住正義的人。

一九二九年，日本時代的基隆，就跟現在的台北一樣，有許多人買不起房子。跟房東租屋而居的人，因為繳不起房租，房東甚至叫人把租客的家具、物品擲出屋外。

這些房東，有不少是無論現在或當時都叫得出名字的有錢人。因為大正年間景氣好，居住人口逐漸增多，他們在市政府的號召下，建設以社會公益為名的住宅（即類似今日的社會住宅），租賃給一般民眾居住。只是這樣大約六尺長、八尺闊的房舍，設備並不完全，甚至沒有廚房，家家戶戶都在廊下煮飯。

這種惡劣的居住環境，在日本內地都已經因應不景氣而調降租金。但在台灣卻沒有跟進，還是維持相當高的租金。繳不起租金的租客只能任這個名為「博愛團」的房東恣意驅趕，無處可去。

這些貸屋而居的人，當時叫做「借家人」。為了爭取合理租金，這些借家人成立了「借家人協會」，透過當時領導工運的「台灣工友總聯盟」協助串連台灣各地的借家人，傳單上的訴求簡單明瞭：

稅厝人快快覺醒起來吧！
趕緊提倡厝稅降價運動。
急起獲得厝稅降三折，
打倒惡信託屋。

試著以台語來唸唸看，一股無比的親切感浮上心頭。稅厝（suè/sè-tshù）人就是你我，而那租金就是厝稅（tshù-suè/sè）。一九三一年四月六日，借家人協會在台北大稻埕的亞細亞旅館召開了一場座談會，出席者日本人、台灣人皆有，顯見種族不是個問題，付不出高租金才是人們共同的痛點與難處。會中的討論圍繞在借家人行動不是

圖 2｜亞細亞旅館原址，前「大千百貨」現況。
圖片來源：陳宇威

政治運動，而是經濟的、社會的運動，有資產的房東沒有顧念借家人的苦處，借家人必須團結，租金就會下降，房東也不會以橫暴的方式對待借家人。會中言論因為時代氛圍，充滿了社會主義色彩，但今日讀來特別有感受。

值得一提的是，出借場地見證這場借家人座談會的「亞細亞旅館」，成立於一九二八年，就位於大稻埕最熱鬧的太平町上，房間採光通風皆好，室內採西洋風裝潢，還有一個大庭園，這在台灣人經營的旅館業中前所未見。三層樓的旅館總共有將近四十間客房，自開幕以來，供不應求，還需要另覓地點租賃房間以擴充經營。只是，這樣等級的旅館也禁不起不景氣的磨難，在一九三一年同樣積欠房東大筆租金，被一狀告上法院——也就是說，當借家人協會借用該處開會時，旅館也正面臨龐大的租金壓力，說不定旅館老闆也正坐在一旁聆聽，發愁租金付不出來吧？果不其然，這場座談會不久後，旅館也就倒閉了。大家有機會不妨散步去看看亞細亞旅館的原址，亦即位於現今延平北路上的歷史建築，原「大千百貨」。

總結來說，不管是日本時代的借家人行動，還是八〇年代的無殼蝸牛行動，歷史上的這些抗爭，效果其實都不大。唯有台南的借家人協會因為組成分子多由勞動者、貧民等組成，來勢洶洶，剛成立就有房東惶恐地自動調降兩成租金；台中地區也有少數屋主因為良心發現帶頭降價一成半，其餘的都選擇不跟錢過不去。

這樣看下來，不管是租房子、買房子甚至買土地，在不同的時代，對一般平民百姓來說都不是容易的事情。但你知道嗎？繞了一圈回到現實，我們開頭提到的主角「帝寶」土地，可是分毫未付、無償取得的呢！

實體的基地：買「寶」地免錢，有影無？

現今位於台北市仁愛路與建國南路交叉口的「宏盛帝寶」，這塊土地在日治時期原為「社團法人台灣放送協會」總部之資產，是由日本國庫及台灣放送協會於一九四

○至一九四一年間出資向民間陸續購入所得。但這塊土地在二次世界大戰結束之後，卻由中國國民黨中央執行委員會「中央廣播事業管理處」所接收。一九四六年十二月，中國國民黨中央執行委員會「中央廣播事業管理處」改組為「中國廣播股份有限公司」，也就是我們所熟悉、很多人都習慣收聽的「中廣」前身，當前台灣最大的電台廣播業者之一。

中廣在台灣接收的上述日產，除了土地與地上相關建物外，還包括台灣台、台南台、台中台、嘉義台及花蓮台等五處廣播電台的財產，包含房地產、機器及相關材料、家具等，資產總值依戰前的國幣估算為七四○萬元左右。

事實上，國民黨接收日產的作為，不單只出現在台灣。在二次世界大戰結束後，國民黨就已在中國接收多處日產，並首先接收、利用文化事業，諸如出版、廣播電台、報社、電影等單位。這與後來國民黨來台灣後進行的接收手法類似，接收的原則也以一九四六年三月陳果夫在國防最高委員會的第一八五次會議提案為依據：「本黨所辦之新聞事業、出版、電影、廣播事業，依法接收之敵偽產業由主管機關估值接收，擬請准以各該機關戰時損失由黨部併案向政府結算轉帳。」

這個提案顯示了幾個關鍵，除了「黨部是否有權利接收日產、其法源依據為何」的核心問題之外，還有當初是如何估值、如何統計機關戰時的損失、如何結算轉帳等疑慮，自此衍生出種種不當黨產的弊端。

中廣公司雖然名稱帶著「公司」二字，但屬性卻跟其他廣播公司不同，其董事長、總經理皆由國民黨中常會任命，經費全數來自國庫，交通部會撥給收音機執照費。一九四七年一月，中廣由陳果夫代表與行政院簽約，受託製播政令宣傳節目，每個月可獲得國庫補助高達二十億元。

正因為政府的補助與支持，中廣才得以被扶持為廣播業的霸主；中廣有了實體的基地，也反過來以為國家服務（宣傳政令思想，擴張政治陣地）的大義，要求比照公營事業機構的模式，由政府支出員工津貼，同時享受公保及公教人員待遇。[1]

雖然在現今多元媒體充斥的環境中，廣播的影響力已經相對弱小，但在過去電視尚未普及、言論出版受到箝制的時代裡，廣播仍是許多人茶餘飯後的重要娛樂管道。你可能聽過父執輩回憶起過去在廣播中「聽」球賽的樂趣，也可能聽過你的媽媽想起過去年少時，夜裡開著廣播節目陪伴自己讀書，等待著自己點播的歌曲突然流洩出來的驚喜與快樂。

但在黨國時代，廣播的主要功用當然不是用來提供娛樂的，對威權統治者而言，廣播節目被賦予政令宣導、心戰工作、推廣教育等任務。對內，廣播被視為改造社會與統治教化的工具，主導者片面篩選認為應該由上而下推行的訊息與觀念；對外，廣播則被當作心理作戰的利器。

由中廣的大陸廣播組所負責編製的「自由中國之聲」，便是這種因應心理作戰與政治宣傳而企劃的廣播節目。一九四九年起，中廣推出「自由中國之聲」，內容多為台灣篩選出來的新聞報導、宣揚台灣進步的社會情況或廣播劇，也有加入主觀意識形態的國際評論。到了一九六五年，新聞局甚至開始每年撥預算給中廣的「海外廣播部」。

「自由中國之聲」此類廣播節目的播放範圍一開始雖然設定為中國，最初只有國語與英語節目，但到了一九八〇年代，「自由中國之聲」已有其他國家的聽眾，更有多達十四種不同語言（國、閩、粵、客、英、日、越、印尼、泰、德、法、西、俄、阿拉伯語）的宣傳節目。也因為此類節目具有「形塑」中華民國國際形象的功能，為了豐富節目內容，改進廣播劇的品質，中廣還設立文藝座談節目，增強廣播劇的陣容與戲劇性，更約請相關領域的專家進行主題討論，其中也包括如何操作議題，讓當時的社會事件成為廣播的熱門主題。在這麼多的面向當中，「反共義士」當然也是過去廣播節目炙手可熱的話題之一。

政令的陣地：入心入腦的廣播劇心戰

對新世代的台灣人來說，政治或公眾人物「舔共」的言論或行為，可能比「反共義士」還更讓人感到親切。但在過去的時代氛圍中，國共對抗是無所不在的，「反共義士」正是這種時代的產物。

說到「反共義士」，我們不妨先聊聊「雙11」。很多人對雙11這天的認知是興起於校園的「光棍節」，或是由中國電商發明的「購物狂歡節」可能更廣為人知。但多數人可能不知道，雙11在中華民國的歷史上，還有一個特殊的意義與故事，那就是一九六五年十一月十一日，迎接「反共義士」李顯斌的日子。

兩岸飛行員的投誠，在當時是大消息。當天下午，原籍山東的中國空軍上尉飛行員李顯斌，駕駛俄製的伊留申28型輕型轟炸機，由杭州筧橋機場飛抵桃園空軍機場「投奔自由」。這種具有高度政治宣傳意義的反共行動，政府怎麼會輕易放過？為了歡迎反共義士加入反共復國的行列，除了迎接英雄的歡迎儀式外，還有令人咋舌的兩千兩黃金獎勵。至於相關的拜會、演說活動更是不在話下，一切都以將此行動的宣傳價值利用到最極致為原則。

翻閱過去報章檔案的相關紀錄，當時的盛況躍然紙上。李顯斌掀起的旋風效應在報章尚且如此，廣播的心戰策略方面當然也不缺席。

李顯斌到達台灣的隔日，便立刻上電台向中國空軍廣播：「大家找機會，趕快飛過來！」[2]、「祖國同胞在歡迎你！」[3]接著連續數日，不斷以「只有棄暗投明才是正確道路」為口號喊話。[4]因應一九五四年《中美共同防禦條約》簽訂後，中華民國政府必須以新聞自由作為「民主櫥窗」來爭取美國支持的立場[5]，反共義士的駕機投誠，成為必須向自由世界宣告的捷報。一九六六年三月，李顯斌向美國方面「揭發共匪暴行」，由中廣向「全美廣播義士談話」。[6]不僅如此，憲兵司令部的憲光藝工隊隔年（一九六六）便推出以李顯斌為主角製作的歌劇《李顯斌的故事》。

雖然因為資料受限，中廣當時的有聲節目內容資料並未完整存留，但我們可以從許多證據推斷，這段《李顯斌的故事》在作為官方傳聲筒的中廣節目中擔任重要的宣傳角色，從其內容也可分析目前並不多見的廣播劇心戰策略與國軍新文藝運動的關聯。

「國軍新文藝運動」起源於國共內戰失利、國府播遷來台後的自省，咸認為「疏於文宣」是國共對壘失利的主因之一，國民政府因此推動「軍中文藝」，鼓吹「戰鬥文藝」，從而進行「國軍新文藝運動」，讓文藝進到軍中，以「文藝」結合「武藝」，視筆桿如槍桿，使文學成為軍隊戰爭的思想戰備，進而推行反攻復國大業。

李顯斌駕機來到台灣，不但以義士身分給予中華民國政府一劑興奮劑，其駕駛投奔的戰鬥機，也是自由世界取得的第一架蘇聯原廠生產的機型，在冷戰時期能讓美國得以一窺蘇聯的飛機製造技術。更巧合的是，李顯斌投奔自由的當年，也正是國軍新文藝運動的高潮。一九六五年四月八、九日，在北投復興崗舉行的「國軍文藝大會」，出席的軍中文藝創作者分為「文藝理論」、「小說」、「散文」、「詩歌」、「影劇」、「音樂」、「美術」、「廣播」、「民俗藝術」等組別進行研習討論，盛況空前。後來《李顯斌的故事》的製作群，都與這場文藝大會有關。[7]

《李顯斌的故事》這齣歌劇，號稱是「國軍新文藝運動的實踐」，是「戰鬥文藝創作的新方向」，為九幕四十二場的歌劇。它標榜擺脫了夜總會式的純娛樂性歌舞，不同於歐洲的古典歌劇，另外創立由歌、舞、劇相結合的新風格，該劇選擇用寫實的方法，盡量減少佈景、道具的鋪張，捨棄華麗服裝的浪費，適合軍中和當時的環境。製作群認為：「透過歌劇的形式，可以把灰暗的、沉重的、千頭萬緒的共匪暴政和匪黨理論，用明朗的、扼要的方法，做選擇性的介紹，使觀眾能更容易了解、對比。」而這齣戲劇的呈現，是為了「對我空軍當局對匪心戰績效的崇敬，和對李顯斌義士投奔自由，以及所有投奔自由的反共義士和準備投奔自由的反共人士致敬」。但這齣歌劇的歌詞內容，完全反應了在當時的歷史背景下，中華民國政府如何透過情節安排極力醜化中共，特有的遣詞用字，如今讀來特別有荒謬之感。

5

立足帝寶不是夢

故事從李顯斌的出生地山東省信陽縣國民泰村說起，那裡原本是個寧靜歡樂的小村落，在蔣總統的領導下，上下一心，生聚教訓，充滿蓬勃的生機。然而，中國各地卻在蘆溝橋事變的砲火中，受到日本軍閥的蹂躪，熬過了八年苦難的歲月，戰爭結束，又有共匪的八路軍闖進來，村落淪為一片血腥之地。共匪竊據大陸後，日以繼夜進行鬥爭清算，李顯斌走投無路，加入共匪的空軍，但是他的父親在他的心坎裡種下了一顆反共的麥種。接著，此劇大篇幅說明共匪打著人民的招牌，瘋狂追求職位、汽車、洋房的享受，盛行一夫三妻的荒淫生活，另一方面卻推行著消滅中國人口一萬萬的計畫，真是個狐鼠世界。

李顯斌從共匪航校畢業後回到故鄉，眼見大地在劫灰裡，故鄉在廢墟中，使他從所謂的社會主義天堂迷夢裡，落到絕望的深淵。劇中描述當時的社會掀起了反抗毛澤東的風暴，從燕山夜話、三家村札記、海瑞上疏、海瑞罷官[8]，為共產黨帶來一片混亂，加深李顯斌投奔自由的決心。

該劇的結尾是一段〈大陸革命的高潮來了〉，標註說明李顯斌在火光熊熊的鐵幕中起義來歸，毛澤東的思想已經破產，共產黨是災害和死亡的標記，而且埋藏著自我毀滅的種子，反攻復國的大業在總統領導下，一定可以勝利成功。[9]

這張唱片有幾個特點。首先是，雖然唱片標榜為舞台上現場表演的歌劇，也有舞蹈動作，但現存的聲音檔案顯示，其內容是以廣播為核心概念撰寫而成，以口白對話為主，段落之間有音樂作區隔，每段時間約為三至四分鐘，在廣播節目上易於分段播放，符合連續廣播劇的形式。

此外，這份聲音檔案之所以今日聽起來覺得格格不入，除了思想陳腐、用字過時的問題之外，過於「字正腔圓」的表演腔調，也是令人噴飯的主因。然而，擁有一口標準的京片子，可是當時演員／播音員必備的條件！例如二〇〇五年四月，連戰以國民黨主席身分進行訪問中國的八天「和平之旅」，除了與中共總書記胡錦濤等人面會，順道訪問自己的出生地西安之外，最讓人印象深刻的是，當地的兒童竟然以台灣人已經非常陌生的戲劇化口音朗誦著「爺爺您回來了」等字句，透過當時的電視新聞強力播送，變成一時話題笑柄。

大家可以想像，《李顯斌的故事》聲音檔案裡的所有角色，都是以這樣的聲調與口音演出，令人發噱。觀諸唱片內容，一方面強調台灣復興基地在蔣介石的領導下欣欣向榮、國泰民安，是中國人民衷心嚮往的樂土；另一方面介紹中國社會當時大受歡迎的閱讀資料和討論話題，同時帶出鄧拓、吳晗、廖沫沙等人——他們的作品後來被江青等人批判，《北京日報》將他們的作品稱為「反黨反社會主義的大毒草」，更稱他們三人是「黨內外走資本主義道路的代表人物」，認為他們假藉學術文章與雜文書寫等等的形式來反黨反社會主義，鄧拓、吳晗日後受到迫害而死。

儘管對於「陷匪、附匪」的作者檢閱、查禁法令，是在一九七〇年修正的《台灣地區戒嚴時期出版物管制辦法》中首次出現[10]，但在此之前，當局其實已有相關規定，可見對此類型的作者、著作或譯作查禁已有前例。[11]由此可以想見，在兩岸隔絕的時代中，這齣歌劇的許多情節對台灣民眾而言，應該都是會被查禁的陌生內容，而這也側面印證了這齣歌劇在相當程度上，應該是用於向對岸廣播為主，進行心戰喊話與宣傳才是主要目的。

此外，無論是面對一般社會大眾或是對岸知識分子，《李顯斌的故事》承載的資訊量其實相當龐大。為了負擔宣傳效果，此劇採用的文藝手法也經過一番設計，堪稱用心良苦。例如此劇第八幕的「問」，內容竟然是一段〈六十個怎麼辦〉的綿長歌詞，透過長句組成：「當地環境很不好，社會主義有了困難，檢討會上要檢討，今後究竟怎麼辦？」其後諸如「右類分子越來越多」、「資本主義都想復辟」、「煉鋼不成功、工業失敗」、「公社破產人民反抗」等等一連串的問題，因為不知道如何處理，於是歌詞連問了「六十個怎麼辦」。

這個書寫形式，令人聯想到法國詩人保羅・艾呂雅（Paul Eluard）的〈宵禁〉一詩[12]，該詩主要抒發詩人對於巴黎遭德軍佔領期間的心情，用八個「怎麼辦」發問，卻未言明被問者是誰。詩中的發問來自於身體的禁錮、肉體的受苦和精神的折磨與恐懼，可是愛情理所當然的宣示，衝破了疑惑，雖然附著在問句，但理直氣壯地把問題拋出來，表面上看似等待答案，但其實心裡昭然若揭。艾呂雅的這首詩使用了復沓、排比的句子，使得詩句的誦讀具有音樂般的旋律，這個特色被《李顯斌的故事》作詞者挪用於歌詞中，重複發問一個個無法解決的問題，呈現共產黨困坐愁城的窘境。

有趣的是，這張留存了台灣歷史上「反共義士」、「宣示反共復國大業」等政策痕跡的唱片，封套註明「由環球唱片發行，各大唱片行均有代售」。這裡提到的「環球唱片」，可是當時發行許多知名台語歌手如紀露霞、張淑美、王秀如等人作品的唱片公司，旗下本土歌手大受歌迷歡迎，作品張張暢銷，同時還出品英、美、西班牙、葡萄牙等國唱片[13]，可見這張唱片發行時還特地考慮了通路問題，在廣播作為民眾重要資訊取得管道的五〇、六〇年代，願意花費如此人力、財力。顯見這張如此具有政治目的性而非市場導向的唱片，仍舊有其發行的期待與目標。

被剝奪的本土之聲

我們閱讀劇本，聆聽保留至今的唱片檔案，當時中廣進行的政治宣傳和心戰內容一覽無疑。但另一方面，台灣人自己的聲音，在這個國民黨接收日產為黨產的電台，甚至於當時所有的電台廣播當中，幾乎沒有發聲的空間，可說是完全靜默，被噤聲。

張邱東松於一九四六年創作的〈收酒矸〉，是台灣膾炙人口的台語歌。歌曲描寫家境貧窮的少年為了餬口，挨家挨戶收取可回收的物品，用以變賣換錢的辛苦境況。「有酒矸通賣否？歹銅舊錫簿仔紙通賣否？」的叫喊聲，伴隨著即便生活艱難也不失樂觀的歌聲，反應當時台灣經濟蕭條、民生困苦的社會景象。也正因歌曲與現實生活連結，打動了許多在底層打拚的台灣人，傳唱久久不絕。

張邱東松還有一首〈賣肉粽〉，訴說賣燒肉粽的本來受到父母疼愛，也受過基本教育，卻因為社會不景氣，使他畢業後「頭路無半項，暫時來賣燒肉粽」。即便「欲做生理真困難，若無本錢做袂動」，他也沒有失去該有的人生態度，認為「不正行為是毋通」。但因為通貨膨脹，「物件一日一日貴」，家裡食指浩繁，還是要生活，即便叫賣肉粽「雙腳行到欲掌腿（thènn-thuí）」也要忍耐、努力撐下去。

這兩首歌紅遍當時大街小巷，記錄著台灣人的生活日常，用自己的語言唱出了台灣人的心聲，想不到〈收酒矸〉竟被政府當局認為「歌詞卑鄙陋劣，萎靡懦弱，有傷風化」，先在一九四八年五月下令禁唱，另一首〈賣肉粽〉後來被禁，也是基於類似的理由。[14]一九六七年．歌手郭金發重新翻唱〈賣肉粽〉一炮而紅，並將歌詞第一句「自悲自嘆歹命人」改為「想起細漢真活動」以迴避警總查禁，後來更因同名電影走紅而將歌名改為〈燒肉粽〉。直到一九七九年，台灣省政府教育廳仍有以下要求：演唱〈賣肉粽〉時，必須說明其歌詞情境與時代背景是日本時代而非國民政府時期，才得以演唱此歌。[15]

在台語歌的歷史中，類似的例子多不勝數，歌曲展現了民眾心聲，但民眾心聲反應的社會現實卻不能感歎，也不能訴說。台灣的聲音不僅因為查禁而遭抹滅，台灣人的境遇也因為刻意的貽誤而「被消失」。

音樂家呂泉生，戰後初期曾在後來收歸中廣的「台灣廣播電台」工作過，負責播放音樂。他回憶道，當時工作之餘，便在電台內整理日本時代遺留下來、從南京寄來的大批唱片，一一編號存檔。[16]而今，這些聲音檔案因為日產變黨產、黨產變賣、拆房蓋豪宅後，不曉得都到哪裡去了？我們的阿公阿媽曾聽過的音樂，有些可是得到日本大阪國立民族學博物館才能一瞥唱片原貌。而我在韓國的「首爾民歌博物館」（서울우리소리박물관，Seoul Museum of Korean Folk Music）內，戴著耳機聽館方收集的民間歌謠，讀著導覽手冊寫到，該館收集了兩萬多首鄉土民謠、五千七百張有聲唱片和樂器，內容包含過去農夫耕作時揮著汗水的農歌、婦女織布時唱的歌謠，搖籃曲等等……這讓我不禁想問，屬於台灣的歷史聲音究竟是什麼？他們又在何方？

我們被剝奪的，何止是昂貴的土地？

「中廣門市」的來由

讓我們回到中廣公司這個故事的歷史路口。於法無據卻接收了日產的中廣並不滿足於現況，於一九五一年進一步要求取得電台的基地，不料被地政機關拒絕後，竟轉而向台灣省提出要求，同時提出修改過的移交清單佐證。這段有點複雜的過程用白話翻譯就是：從有房屋、沒土地改成了有房有地。

圖 3 ｜ 7-11 便利商店「中廣門市」
圖片來源：陳宇威

儘管這份清單被公產管理局指出謬誤，證明是竄改。但中廣仍不屈不撓，再寫信給時任省主席的吳國楨要求處理。吳國楨回信道：「轉帳房屋均不包括基地，事屬完案，歉難照辦。」一九五三年，吳國楨遇刺險些送命，一週後辭去省主席。一九五五年，中廣再度向政府提出要求。一九五八年六月，台北市政府終於發給中廣公司該地的所有權狀。到了一九九九年，最大的黨營事業「中央投資公司」再以八十八億元向中廣購入位於仁愛路的土地，轉手賣給建商……然後，這一切就成了你只能路過錯過、仰望嘆息的豪宅。這段荒謬至極又不公不義的故事，最後在城市發展、資本主義、明星豪門、泡沫房價的話題中被湮滅、被埋沒。

下次路過仁愛路想吃茶葉蛋時，不妨抬頭看看這家7-11的門市名稱，你或許就可以理解這個「中廣門市」的由來——明明，這附近就沒有中廣。

註釋

1 可參閱林平，《戰後台灣廣播事業及其政治社會（一九四五—一九六二）——以中國廣播公司為中心》（台北：國立台灣師範大學歷史學系碩士論文，二〇一二年）。

2 〈大家找機會 趕快飛過來 李顯斌向共匪空軍廣播〉，《聯合報》，一九六五年十一月十二日，第三版。〈李顯斌義士向大陸廣播 號召匪軍奔向自由 共同摧毀共匪暴〉，《中央日報》，一九六五年十一月十二日，第二版。

3 〈抓著機會就飛過來祖國同能在歡迎你 徐煥昇向共匪空軍廣播 號召匪空軍效法李顯斌〉，《中央日報》，一九六五年十一月二五日，三版。

4 〈李顯斌向匪空軍廣播 只有棄暗投明才是正確道路〉，《中央日報》，一九六五年十一月二七日，第三版。

5 林麗雲，《台灣傳播研究史》，（台北：巨流，二〇〇四年），頁九。

6 〈李顯斌向美國 揭發共匪暴行 全美廣播義士談話〉，《中央日報》，一九六六年三月十七日，第二版。

7 《李顯斌的故事》製作群如下列：朱嘯秋演出、唐紹華指導、李中和作曲、韋仲公作詞、李天民編舞、金成富導演。

8 《燕山夜話》是一九六一年馬南邨創作的雜文集。〈三家村札記〉則是北京市委理論刊物《前線》於一九六一年開闢的雜文專欄，由鄧拓、吳晗和廖沫沙輪流撰稿，三人合署筆名「吳南星」。《三家村札記》以介紹古人治學、論戰之道的歷史知識，影射、針砭現實社會，有很強的針對性。《海瑞罷官》是一九五九年四月由北京市副市長吳晗根據毛澤東號召學習明朝大臣海瑞「直言敢諫」精神而寫的一齣京劇。一九六〇年底，本劇完成之後，交給當時北京京劇團排演，劇情內容是海瑞不畏權貴，平反冤獄、退還民田而被罷官下獄，受到廣大群眾的歡迎。一九六五年，姚文元發表了《評新編歷史劇〈海瑞罷官〉》一文，扭轉了該劇的正面評價，文中認為《海瑞罷官》為反黨反社會主義的「大毒草」，並指該劇影射了「彭德懷事件」。《海瑞罷官》由廣受民間歡迎的戲劇成為政治鬥爭的工具，更成為文化大革命的導火線。此劇中所提到的這數種刊物、文章，都是後來研究文化大革命的重要史料。

9 為求使現代讀者理解當時的歷史情境與脈絡，本段敘述使用當時的敘事用詞，既可保留文獻資料的原貌，也可讓讀者體會那個時代的怪誕氛圍。

10 相關規定條文為一九七〇年修正的《台灣地區戒嚴時期出版物管制辦法》第二條：「匪酋、匪幹之作品或譯者及匪偽出版物一律查禁。」

11 參考資料為一九五一年七月修正的《台灣省各縣市違禁書刊檢查小組及檢查工作補充規定》，其中第六條「在目錄未頒發前，暫依下列原則辦理」，其原則共有四款：（一）共匪及已附匪作家著作及翻譯一律查禁。（二）內容左傾為匪宣傳者一律查禁。（三）內容欠妥未經查禁有案而一時不能決定者，予以吊（調）閱審查，如應查禁者，報部核辦。（四）凡日本書刊未經核准進口粘貼准售證者一律查禁。可參考楊秀菁、薛化元、李福鐘編，《戰後台灣民主運動史料彙編（七）：新聞自由（一九四五—一九六〇）》（台北：國史館，二〇〇二年），頁三七四。

12 〈宵禁〉（Couvre-feu）一詩原收錄於艾呂雅的詩集《詩歌與真相》（Poésie et vérité），一九四二年出版，該詩後來收錄於由羅大岡翻譯的《艾呂雅詩抄》（北京：人民文學出版社，一九五四年）。此詩摘錄如後：

門口有人把守著，你說怎麼辦？我們被人禁閉著，你說怎麼辦？
街上交通斷絕了，你說怎麼辦？城市被人控制著，你說怎麼辦？

全城居民在挨餓，你說怎麼辦？我們手裡沒武器，你說怎麼辦？
黑夜已經來到了，你說怎麼辦？我們因此相愛了，你說怎麼辦？

13 郭麗娟，〈台灣唱片發展簡史〉，《源》五三（二〇〇五年七—八月），頁八三。
14 陳培豐，《歌唱台灣：連續殖民下台語歌曲的變遷》（台北：衛城，二〇二〇年），頁一九。
15 〈台灣省政府教育廳函唱〈賣肉粽〉民謠時應說明時代背景〉，收錄於薛化元、楊秀菁、林果顯編，《戰後台灣民主運動史料彙編（十一）：言論自由（三）》（台北：國史館，二〇〇四年）。
16 陳郁秀、孫芝君著，《呂泉生的音樂人生》（台北：遠流，二〇〇五年），頁一五三。
★ 本文使用的《李顯斌的故事》有聲資料，係由黑膠唱片收藏家林太崴慨然提供，謹此致謝。

Vol. 6

照亮歷史的微光

台灣的火柴記憶與「台火」的不當沒收始末

鄧慧恩

照亮現實的童話之火

大家小時候一定都有聽過安徒生的經典童話「賣火柴的小女孩」。這個故事雖然是童話，卻刻劃著純真孩童眼中無法理解的社會殘酷。安徒生讓小女孩沿街叫賣，扮演著販賣火柴、傳遞溫暖的角色，但她最後卻獨自凍死在冰天雪地的牆角邊，給予這個偽善不仁的世界一記重擊。

這篇發表於一八四六年的作品，是安徒生最廣受流傳的故事之一，曾翻譯成多國語文發行，其帶有詩意的筆調和深刻的同情，使讀者將忍受寒飢的小女孩的苦難遭遇，與廣大的窮苦民眾生活連結起來，讓身處在工業革命後所形成的巨大階級差異和貧富差距下受苦的人們得到慰藉，展現了人道主義的關懷。

而安徒生對世界文學的影響，也深刻作用在「台灣新文學之父」賴和的身上。透過日文和中國白話文的翻譯引介，賴和不僅取了一個和安徒生相似的筆名「安都生」，也寫出了一篇情節相仿的〈不幸之賣油炸檜的〉，以賣油炸檜的小男孩遭到日本警察苛刻與後母虐待的不幸遭遇，刻劃日本時代殖民地台灣的現實境況。

隨著時間增長，很多人漸漸疏離了童話。小時候，總是被大人們千叮嚀萬交代「不准玩火柴、打火機」（以及放煙火），長大之後，我們則是講著ＰＴＴ的戲謔老哏「已知用火」，也懂得更多運用各種火源、工具來生火的方法。

如果「賣火柴的小女孩」穿越來到現代，顯然是得面臨失業危機了。但不知大家可曾想過，儘管人類「已知用火」的時間久矣，在這麼多便利又快速的生火工具和方法出現之前，台灣人的日常生活，究竟是從什麼時候開始使用火柴？

令人意外的是，台灣人甚至全世界人「已知用火柴」的歷史，可能比你想像的要短又晚。

火柴的台灣史，台灣的火柴史

一八二七年，英國首度出現以「發火粉」（percussion powder）為名的「火柴」，但因為氣味難聞，使用上也有高度危險性，因而於一八三一年，法國迅即出現了改良版火柴，將原料中的三硫化銻以黃磷取代。

黃磷火柴雖然有穩定又容易點燃的優點，價格卻相對昂貴。因此，後起的改良版再降低黃磷成分，改以氯酸鉀代替，才得以量產。

然而，黃磷本身有毒性，使用時極易造成傷害，孩童誤食死亡事件頻傳。甚至在製造火柴的過程中，工人常罹患「磷毒性顎骨疽」，曾引發上千工人因吸入黃磷蒸氣而中毒死亡的案例。一九〇六年，黃磷火柴被禁止製造、販售[1]，此後，「如何製造安全實用的火柴」，也就成為業者研發的主要目標與課題。

台灣與火柴的接觸，最早出現於一八六八年淡水口岸的進口紀錄當中，初期最大輸入國為德國。因為火柴源自西方，而台灣引進火柴勢必要從外洋進口，又台灣人習慣以「番仔」稱呼海通而來的外人外貨，也因此火柴就被叫做「番仔火」（huan-á-hué）。以前的台灣人大概不知道，「番仔火」這玩意兒在百餘年後，竟然會因為連續劇的名台詞「予你一支番仔火佮一桶汽油」，成為人們琅琅上口的台語流行語吧？

台灣自從被割讓給日本後，因日本本地的火柴工業發展已久，加以領台後，日製火柴在免關稅、航路補助、獎勵金的保護政策下，逐步取得銷售優勢，而在短短數年間便獨霸台灣市場。此時，除了「番仔火」的稱呼外，台灣人也從日語的外來語吸收了「マッチ」（match，漢字寫作「燐寸」）這個字來指稱火柴。

在取火條件方便多元的現代，可能很多人沒看過甚至沒用過火柴。目前常見的火柴外觀，從火柴盒的側面可見塗有用來引燃的紅磷之類的化學物質和玻璃粉的磷漿；火柴頭上的物質則是氧化劑和易燃物質。當火柴頭與盒身側面摩擦時，瞬間產生的熱使易燃物質發火，進而引發火柴頭上的易燃物燃燒，透過火柴桿助燃、延長著火時間。和過去相比，火柴已經過大幅度改良，易燃物質分別粘著於火柴盒側面和火柴桿上，不用時二者不會接觸起火，所以稱為「安全火柴」。

別看火柴小小一盒，製作過程卻很不簡單，有許多細節要講究。製作火柴的木梗要選用質地疏鬆、紋理直順、易燃、燃燒無異味的木料。經過揀選樹種、去除樹皮後，旋削成厚薄一致的連續梗片。梗片則按規格分切成特定大小與長度的梗枝。這些梗枝材料必須經過特殊酸類浸淋處理，一般稱為「防灼」處理，這項程序可以避免火柴燃燒的餘燼掉落後，沾污環境或灼傷手部。接著還需瀝乾藥劑、烘乾水分，才能成為製作火柴的木質原料。

接著，來到火柴棒頭的加工。處理好的梗枝要經過沾蠟、沾藥、烘乾和卸梗等等程序，火柴棒本體才算製造完成。之後，待火柴盒印刷面印好，將火柴依規格、數量裝入盒中，隨後在盒子側面刷上磷漿，一盒火柴便完成了。

儘管火柴在現今生活中已不再是必要民生物資，但多元繽紛、具有設計感的火柴盒圖樣，仍為許多愛好者珍藏。我們也能由火柴盒的設計樣式與內容，看到時代的轉變以及流行風潮的走向。

回到日本時代，當時日製行銷台灣的火柴包裝概略分有並型、大平型、平型、書冊型等數種，書冊型（ブックマッチ，book match）的火柴由形式得名，外形扁薄，有上翻紙蓋可掀，類似書冊。這種書冊型的火柴梗枝多用紙板沖切而成，十支或十五

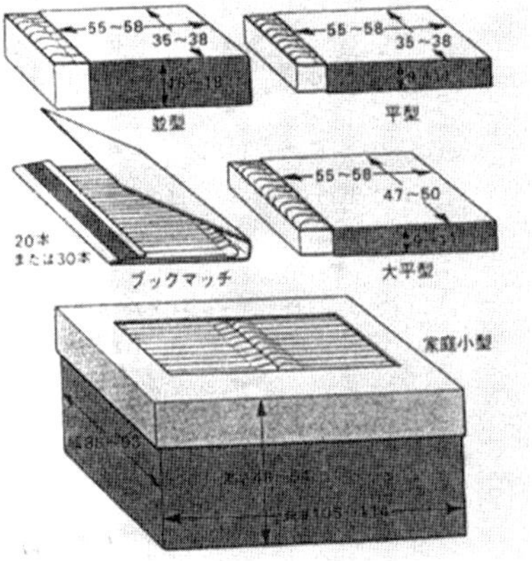

圖1｜火柴包裝類型示意
圖片來源：下中邦彥編，《國民百科事典》

支為一組，一端與基部相連，呈梳齒狀，另一端的梗尖則沾石蠟及起燃藥劑。不同於一般並型或平型的火柴盒將燐層塗刷於側面，書冊型的燐層塗設於封面或柴梗下端裝訂處，使用時只需要逐根撕下擦劃就可點燃起火。

一九二〇至三〇年代期間，雖然不乏有台灣人或日本人想在台灣本地製造火柴，但都因製造技術不純熟，或是製造原料（火柴梗木料、火柴頭引燃之化學原料）需要仰賴進口等因素宣告失敗。而後，因一九三七年發生中日戰爭，台灣本地的火柴工廠才順利成立。

當時戰爭一爆發，因應戰事頒佈的《台灣支那事變特別稅令》也準備於隔年實施，在此稅令中新增了「火柴稅」，規定每一千根火柴要徵收五錢。正是因為這項制度，商家開始囤貨，火柴也開始漲價，連一根民生用火柴都必須為戰爭付出，以籌措戰爭以及各種軍事擴張的費用。

透過這種方式開拓財源還不夠，在戰爭時局中，為了把握物資運用，還必須同時實施資源分配制。火柴，也如同金屬、木材、燃料、紙以及其他種種民生物資一樣，面臨統制後再配給的狀況。

在動盪的一九四〇年，火柴的配給量，是以一般家庭中一人一天的用量（約十根）計算，一個月分配二至三盒普通火柴為原則。先不說癮君子抽菸用火的個人需求本就不在配給考慮中，就連經營餐館、工廠的商業行為，也不包括在這項配給標準的需用裡，如有相關需求，必須額外申請「特殊火柴購買票」才能購得。

等到戰事日漸惡化激烈的一九四三年，火柴的配給量由原來的一人一天約十根，縮減為一人一天四根。這個帳面上直接腰斬的配給量，對現代人而言，可能還是難以想像有多嚴重，我們不妨參考同時期其他國家的火柴消耗量來想像一下：

同一時期，世界上的文明國家平均每人每日約消費一至八支火柴，倫敦每人消費量為十一支，一九三九年日本國內每人每日為五點七支，台灣則為十一點五支，朝鮮為七支。由此可見，火柴配給制度對於台灣民眾的生活造成多大的不便，打個火都得小心翼翼，每一根火柴都彌足珍貴。

或許有人會提出疑問：台灣相較前述其他地區，氣候明顯來得溫暖，但為什麼火柴的使用量反而較多？正是因為台灣氣候溫暖，使用火缽、暖爐取暖的期間短，不如寒冷地區有常備火、熱源能引火，單支火柴的使用消費量自然較多。[2]

為了增加統配的效率，獨佔市場利潤，台灣總督府在一九四二年實施了《燐寸專賣令》，直接將火柴列為專賣品。在火柴被列為配給物資與專賣品之前的一九三八年，「日本燐寸工業組合」與「日本燐寸共販會社」決議合資在台中市下橋仔頭成立「台灣燐寸株式會社」，這項計畫獲得總督府的支持，也就此為總督府的火柴配給管制與之後的專賣制度鞏固了基礎。

在選擇火柴工廠設立地點時，台北首先就因為氣候過於潮濕而被排除，高雄、嘉義、台南、台中、新竹等地都曾為候選地點，最後決定以台中為生產據點，主要是看中中台灣擁有適合作為火柴的軸木原料樹種資源。其次是，透過許多當地人的口述歷史可以了解，工廠所在地的下橋仔頭地主積極配合政策，提供土地為工廠所用，直接為戰爭下的當地民眾提供難得的就業機會，火柴工廠也因此成為當地許多老一輩人的共同記憶。

以台灣樹種製成的火柴軸木，因為質地脆弱、色澤不佳、異味等品質缺失，九十支裝約有二十支會因沒頭或折斷而無法使用，必須增加木軸粗度，以漂白或染色才能解決色澤及氣味問題。儘管如此，台灣製造的火柴因為能避開戰時的運輸風險，勉強自製自給，也還是有一定的競爭力[3]，輸往中國戰場的火柴也能由台灣直接銷運。不過，就在火柴成為專賣品後，台灣燐寸株式會社也被收歸國有，成為當時唯一的火柴生產工廠，隔年（一九四三）又於新竹增設火柴工廠，但此廠剛完工便在戰爭中被炸毀。

日本戰敗後，一九四五年十一月，專賣事業由台灣省專賣局接收，「台灣燐寸株式會社」當然也在接收名單之列。工廠經過修復後，恢復生產營運，成立為「台灣省專賣局火柴工廠」。一九四八年二月，這間工廠搖身一變，成為台灣第一家民營公司「台灣火柴股份有限公司」（台火），是台灣火柴生產的龍頭。

戰後「台火」的不當沒收錄

「台火」民營化的首位董事長為吳性栽，浙江紹興人，家族經營染紡業，家道殷實，其父曾在故鄉創辦學校。吳性栽在上海經營國外顏料代理與電影事業，一九四八年拍出中國第一部彩色戲曲片《生死恨》，由京劇大師梅蘭芳領銜主演。

吳性栽與友人買下台火股份後，任命浙江上虞人王則甫為總經理，授予全權執行相關業務，他本人並未參與台火事務，滯留上海。根據後人回憶，吳性栽懂得用才，就相關紀錄顯示，他選定王則甫擔任台火的總經理其來有自。首先是，王則甫曾是中國火柴原料廠在昆明、海口設立的燐廠廠長，他畢業於上海滬江大學化學系，畢業後曾到美國布朗大學研究應用化學，所學專長正符合火柴製造所需。來到台灣後，王則甫先任台灣公賣局的火柴課長，出任台火總經理後，曾被一九四八年十二月奉准成立的台灣區火柴工業同業公會推選為第一屆理事長。[4]

據當時的台灣省政府主席兼保安司令吳國楨回憶，他意外得知王則甫被抓，所以召見當時的「副保安副司令」彭孟緝來問個明白。原來，吳性哉在上海淪陷後，其投資的電影公司出品的電影《民國四十年》內容醜化、詆毀了蔣介石與國民黨，蔣經國因此遷怒王則甫。

檔案資料顯示，王則甫被時任台灣省保安司令部第十課報組組長李基光少校檢舉為匪諜，涉及隱匿逆產，吳性哉則因滯留中國，被視為「附匪商人」。吳國禎認為，無故抓人已經不對，何況還派特務接收公司，當時像「台火」這樣的公司很多，有些老闆因故滯留在中國，如果台灣方面認為他們有通共嫌疑，應透過立法要求他們登記股份，若他們不願意配合，才可以採取行動。如果懷疑登記者有通共嫌疑，再以控制公司股份等方式，等候進一步調查，否則這種類似抄家的處理方式，將會使得相關人等不知所措。

只是，蔣經國並不採納這樣的意見，反而告知吳國楨這是蔣介石的意思，但吳國楨仍擬了一封信給蔣介石，堅持己見。蔣介石原想槍斃王則甫，但迫於壓力，只能將王則甫由死刑改判有期徒刑七年。[5] 而吳性哉、王則甫的台火股份則依《戡亂時期檢肅匪諜條例》第十二條第一項規定「匪諜之財產得依懲治叛亂條例沒收之」，以及同條第二項規定「依前項沒收之財產，由第七條之最高治安機關執行之，並應即造具財產目錄，呈報行政院」的內容，由當時最高治安機關台灣省保安司令部執行，收歸國有。

吳性哉與王則甫所持有的台火公司股票，共有二十二萬餘股。依照吳性哉之子吳順生於一九九七年三月向監察院陳情的內容與附件顯示，其父當時佔有台火股權七十六點零一%，不僅台火的股份被沒收，他父親經營的文華影片公司所拍攝的《小城之春》、《母與子》、《豔陽天》、《好夫妻》、《母親》等影片，皆充公至國防部總政戰部，作為軍中康樂用途，其他的財產則被標售。[6] 王則甫因為吳性哉而遭「遷怒」，不但性命曾危在旦夕，財產也遭沒收。吳性哉則從未接受依法傳喚、拘提、通緝的程序，亦未經有罪判決，沒收財產的裁定也從未合法送達，所有的事情都端賴「自由心證」。

但事發至此，這段故事還沒完結。

透過非正當程序沒收的台火股份，若有歸屬，也當收歸國有。但一九五一年二月十九日，當時黨營事業體中，準備成立的裕台企業股份有限公司（以下簡稱裕台公司）董事長胡家鳳，寫信給時任國防部總政治部主任蔣經國，請求將台火公司被沒收的股權轉讓給裕台公司。

裕台公司於一九五一年三月，由興台公司、樹華公司以及安徽農產公司合併改組成立。蔣介石在中央改造委員會第十四次工作會議中，批示指派胡家鳳為裕台公司董事長。但胡家鳳了解裕台公司合併上述公司後，營運不易，認為「公司內容資產匱乏負債頗多」、「基礎如此薄弱勢須從頭做起」，曾有辭意但被蔣介石慰留。[7]

若個別分析興台公司、樹華公司以及安徽農產公司的業務，我們會發現，除了興台公司是直接在台灣接收日產後成立的以外，其餘兩家都是接收日產後，頂著在中國時期就有的公司名稱掛牌營運：樹華公司來自上海，原先的業務以貿易及代辦事業為主，所以沒有生產機構與工廠；安徽農產公司為安徽省黨部為發展農村經濟、樹立黨經濟基礎所籌組。這些公司在經營上都有營運範圍過於狹小、盈利有限、虧損嚴重的問題，更何況遇上國共內戰，狀況是雪上加霜。

興台公司接收的日產，是糖果製造廠與印刷廠。這家糖果廠正是日治時期赫赫有名的「一六軒」的工廠，是日本人在台規模最大的糖果製造廠。一六軒的本鋪位於台北市本町一丁目十四番地，位置就在現今的台北市重慶南路一〇三號，其店主森平太郎更開設了新高製菓商會，曾與森永、明治並列為日本戰前三大菓子製造商。

森平太郎利用台灣的特產——香蕉，製造了バナナキャラメル（香蕉牛奶糖），

廣受消費者喜愛。這間工廠還締造了一個值得驕傲的紀錄：在台灣的土地上研發出亞洲第一顆泡泡糖「風船チウインガム」，一路從台灣賣回了日本，甚至成為發給在滿洲征戰的士兵的珍品。因應滿洲天寒地凍，飲水容易凍結，咀嚼泡泡糖不僅可以提供熱量，更能藉此產生唾液而止渴。[8]

一九三一年，美國職棒大聯盟明星隊來到東京進行表演賽期間，這顆字面上意義為「氣球」的泡泡糖，從無數球迷的唇齒間吹出了甜蜜夢幻的青春，飛得跟野球一樣遠。此外，以鐵罐裝，搖起來會咖啦咖啦響，倒出來是一顆一顆色彩繽紛的硬水果糖，罐上的ドロップ（drops）與短髮可愛的小女孩，也是許多日本阿公阿媽的美好回憶——儘管因為戰爭期，廣告海報上的天際邊仍有不得不出現的一列戰機。

戰後，由於僅能以個人名義透過標售方式取得日產的相關產業權利，為了發展黨營事業，國民黨台灣省黨部以古善愚的名義標下一六軒糖果工廠，加上南農田店業機器與不動產，合計價值台幣五千萬以上，經過籌繳標金半數餘款，加上申請黨部接收的數間戲院不動產作為擔保，仍然不足的五百萬台幣，直接向中央申請撥款補足。[9]

一六軒的店面、不動產與工廠機器等財產，後來由興台公司接手。根據興台公司一九四九年三月二日的紀錄顯示，糖果廠自接收後，因為設備陳舊，技工墨守成規，導致品質不能提高、包裝不能改進、銷場不能增加，而原有規模過大，燃料電力之消耗仍舊，工廠浪費不能減少，開工才一年就出現經營危機，所以決定於一九四八年十月公開標售。[10]

原來糖果由不同的人來品嚐，竟不全是甜蜜的？

裕台公司擁有的興台公司地產、樓房、廠房，多位在台北市衡陽路、羅斯福路、新生南路、金山街、臨沂街、開封街、承德路等精華地段，還擴及台中市模範巷（現草悟道附近）。而樹華公司與安農公司的地產則在漢口街、台中市市區，甚至還有位於南投埔溝農場二十六甲地。資料顯示，裕台公司接手後，多數不動產都遭受變賣或漲價出租的命運，裕台公司自承「尚能收到相當圓滿之效果」[11]，顯見前述的公司條件並不差，導致公司經營困難的原因，極可能是人謀不臧。

胡家鳳在面對裕台公司起頭時刻，寫信給蔣經國等黨內高層，認為觀諸現實狀況，若要業務能發展，還可增益黨產，黨內必須伸出援手，他於是將腦筋動到了剛發生不久的台灣火柴案，希望裕台公司能得到王則甫與吳性哉被沒收的股權。

台火公司每月生產火柴九千簍，為台灣所有火柴公司之首，裕台公司若得到台火公司股權，還可生產民生物品，對裕台公司是一大幫助。胡家鳳甚至提及，檢舉匪諜之獎金，可由裕台公司設法籌措。信末，胡家鳳強調，「本公司之利益即黨部之利」。[12]

歷史向我們揭示了故事的結局。裕台公司的確得到了台火的股份。國民黨的財務委員會報告指出，裕台公司入主台火後，一方面享受台火的生產利潤，另一方面承攬台火的進口業務，代替台火申請自日本購進火柴盒片、梗枝、紅礬鉀以及生產民生用品需要的石棉紙、石英管等等，藉以收取二%、三%不等的手續費。[13]裕台公司在當時貿易多所限制，不僅管制進口，又採用複式匯率的時局下，仍能經營進出口貿易，可以說台火的營運幫了裕台公司一把，而裕台公司的黨營優勢對鞏固台火的市場龍頭地位也功不可沒。儘管火柴事業曾在一九五二年間因為市場生產過剩等問題，盈餘未如預期，但總體來說，台火仍有亮眼的表現。

一九七二年間，台火的生產量曾高達月產三萬簍，佔全台產量三分之二。綜觀裕台公司當時的人事組成，董事長為胡家鳳，台灣第一商業銀行董事長黃朝琴、台灣省財政廳副廳長周友瑞、行政院配給委員會委員王克為、經濟部主任祕書周開慶等人皆為董事，顯示黨營事業不同於一般企業的優勢。

黨營事業來自國家、金融等等各項資源的挹注，勢力向各種產業延伸，當這些黨營公司的經營數據亮麗地呈現在大眾眼前時，殊不知檯面下有太多不為人知，不齊全也不公開的文獻，因而我們甚少注意到，這些數據與成績的來源，到底有多不正義。

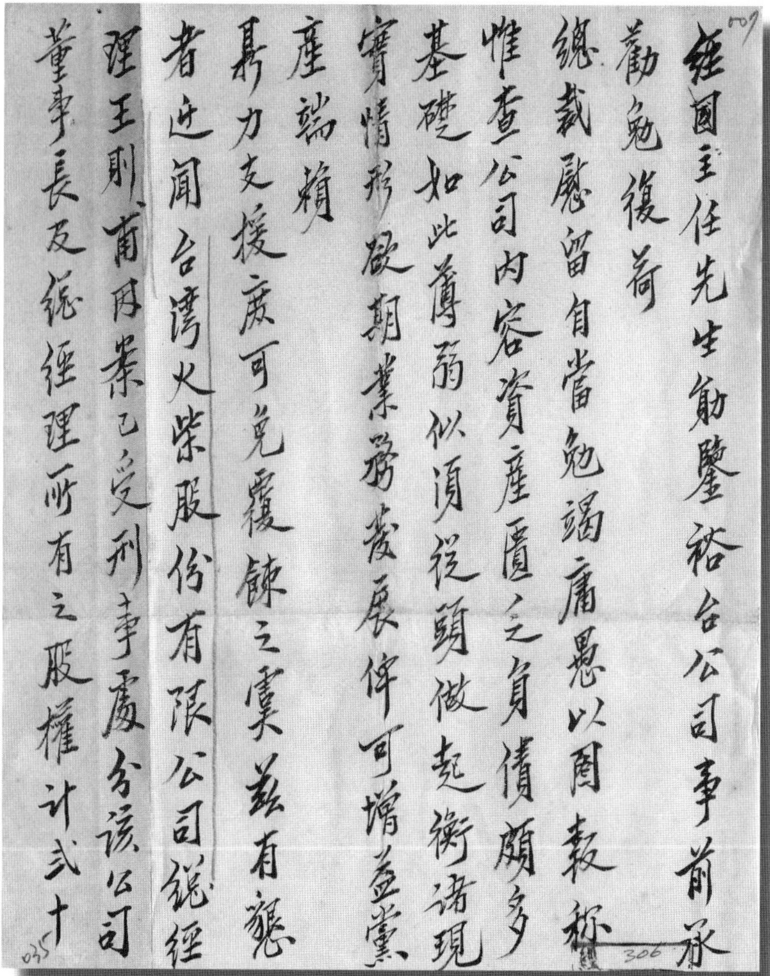
經國主任先生勛鑒裕台公司事前承
勸勉復荷
總裁慰留自當勉竭庸愚以副栽培
惟查公司內容資產負債頗多
基礎如此薄弱似須從頭做起衡諸現
實情形欲期業務發展俾可增益黨
產端賴
鈞長力支援庶可免覆餗之虞茲有懇
者近聞台灣火柴股份有限公司總經
理王則甫因案已受刑事處分該公司
董事長及總經理所有之股權計弍十

圖 2｜胡家鳳信件完整內容，於第二張信中後段提及「本公司之利益即黨部之利」。
圖片來源：〈國防部總政治部任內文件（四）〉，《蔣經國總統文物》，國史館藏，數位典藏號：005-010100-00053-007。

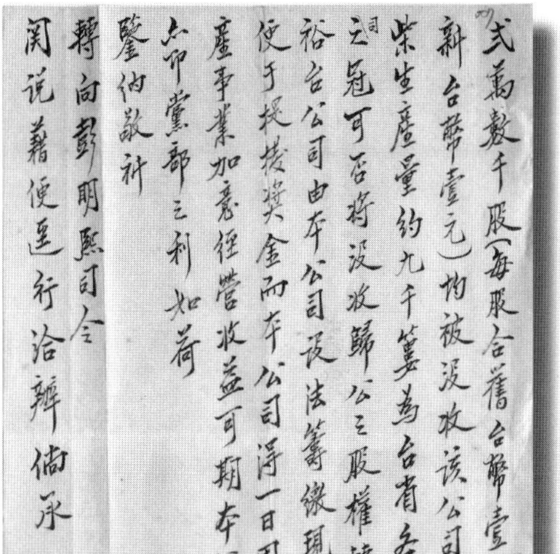

式萬數千股（每股合舊台幣壹千元合
新台幣壹元）均被沒收該公司每月火
柴生產量約九千箋為台省各火柴公
司冠可否將沒收歸公之股權轉讓於
裕台公司由本公司設法籌繳現款既可
使于提撥獎金而本公司得一日用品之生
產事業加意經營收益可期本公司之利
亦即黨部之利如荷
鑒納敬祈
轉向彭明熙司令
閱說藉便逕行洽辦倘承

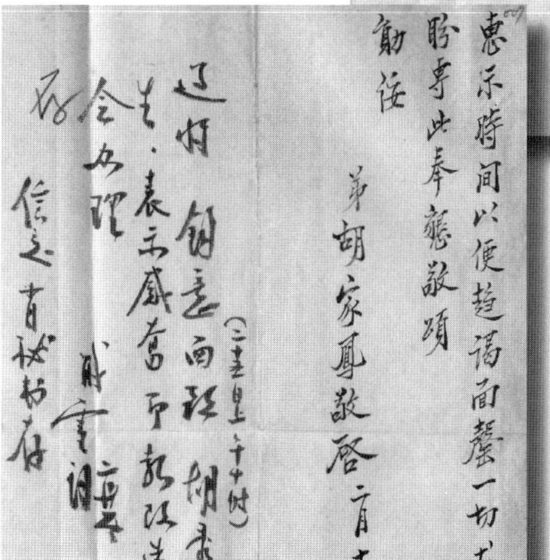

惠示時間以便趨謁面罄一切尤所跂
盼專此奉懇敬頌
勛綏
弟 胡家鳳敬啓 六月十九日

逕對 錦章面談（二十三日上午十時） 胡秘書長之
先生表示感奮可即設法進行未了
令如理
成章謹呈
存 信之 青秘書存

台火案外案：「台灣毛絨廠」

「台灣火柴案」成為黨產的不正義過程，另有延伸出一段曲折，讓我們回到當初檢舉王則甫的李基光身上。

李基光是浙江省慈谿縣人，黃埔軍校十七期畢業，一九五〇年從舟山來台灣後，擔任保安司令部台北組組長，自稱曾破獲匪諜案十餘件，前述的「台灣火柴案」自是其中之一。

前文提到，胡家鳳曾建議裕台公司提供檢舉獎金，作為接收台火股份的交換條件，我們無法得知獎金由裕台公司支付是否確有其事，但李基光與其他兩名共同檢舉人的確獲得舉報匪諜獎金三十九萬五千三百零五元。但沒想到的是，李基光在分獎金時，竟以工作費和酬勞費等名義先扣除了五萬元，因此引發其他人不滿，繼而檢舉。

據查，李基光後來把獎金當中的五萬元捐獻給保安司令部，為明德山莊興建禮堂之用。[14]諷刺的是，時任台灣省保安司令部第十諜報組少校組長的李基光，當時絕對想不到自己將「受惠」於他捐獻的這座禮堂——因為不久後，他便進入了這座監獄。

一九五五年九月十六日這天，《自由中國》刊出一篇社論〈從孫元錦之死想到的幾個問題〉，揭露了像李基光這樣的特務人員如何利用類似「台灣火柴案」的模式來

「辦案」，也就是將認定依附共產黨的股東資本當作「逆產」加以沒收，至於沒收「逆產」的經辦人則可獲得一定比例獎金，透過這種方式來迫害當時兩岸政治時局未明下的廠商店家。

這篇社論提到的「孫元錦」，是當時由中國撤退來台重新掛牌營業的「台灣毛絨廠」的業務經理兼代總經理，其職位角色與台灣火柴案的王則甫相似，經歷也類似：公司大股東被認定依附共產黨，處理台灣業務的孫元錦被依「藏匿逆產」入罪被拘。

李基光一開始向孫元錦提議，只要他作出公司部分股份確實為附匪股東所有的證詞，就可平分獎金，但孫元錦拒絕。後來，李基光押扣公司的職員，又對其家人施壓，企圖讓孫元錦妥協，依舊不成。最後，李基光拘押孫元錦，對他威脅、刑求了一天一夜，逼他招供，還是無法得逞，只能放人。不料一九五五年六月二十一日，孫元錦服毒自盡。

《自由中國》原本要刊出調查報導和社論，調查報導的部分取得了孫元錦的遺書影本，本要圖文並陳刊出，卻因受到密告，遭到台灣保安司令部下令全面回收、不得販售，並多方向該刊負責人雷震施壓。雷震原本不肯屈服，最後也不得不撤下文章，成為目前我們查閱《自由中國》複刻本時，該號只有單一社論〈行憲與民主〉的版本。[15]

李基光原判五年六個月刑期，但被蔣介石批示「李基光應發還嚴為復審呈核」，後來改判十二年，蔣介石的意見為：「姑予照准，但以後不准以任何理由保釋。」李基光的妻子上書陳情，直指丈夫的案情為「冤獄奇案」，用盡各式辦法，出動身為萬年國大代表——自己的父親、李基光的丈人、教會牧師、旅菲隴西李氏宗總會代表上書說情，卻都無用。一九六四年，刑期執行超過一半，軍人監獄的監務會議才通過報請假釋，由當時的國防部長俞大維、副部長蔣經國、保安司令部司令彭孟緝三人聯名簽呈，為之申請假釋，但蔣介石仍只批示二字：「不准。」

當年的求情書面資料中提及的「辦事認真」、「求公心切」、「誤觸法網」以及「子女七人邇來生活瀕於絕境，殊堪憐憫」等字句，現今讀來格外令人揪心。只不過，歷史對世人展示的，總是有力者留下的文字形跡，至於那些被無端迫害，同樣求告無門、暗夜哀哭的受難者，承受過同樣的，甚至更為殘酷的痛苦，他們的傷痛和委屈如何訴說？在這般文字所呈現的吶喊與呼求背後，我們不能忘卻的是那些沒有或無法留下反駁和淚痕的無力者。

「黨營公司」的性質，不同於一般對不當黨產的刻板印象，多為房產、建物或土地等，與大眾的距離似乎很遠。但其實這些事業潛伏於不同名稱、不同業種之下，在方方面面、不知不覺當中，逐漸侵蝕了我們的生活。換句話說，我們的日常生活其實與黨產息息相關。就以本文的主角裕台公司為例，裕台曾是國民黨最具歷史及規模，附屬單位也最多的事業，旗下佔有五十％以上股份的公司，業種就遍及紡紗、火柴、製藥、建築、印刷業，也透過部分持股跨足證券、保險、信託、水泥、電工、電子、自來水、工礦、農林、製紙業等。[16]如此「多角化經營」的裕台公司，要直到後來與中央投資股份有限公司進行合併後才消滅。

儘管公司登記消滅了，但還好我們仍有文字與檔案紀錄，可以把正義從歷史的餘燼中耙梳出來。就如同「賣火柴的女孩」的火星，點亮了許多童話的起點，隱沒於檔案文字與歷史中的「台火」之光，此時此刻或許也為我們照亮了一條蘊含深意、記憶與正義的亮光吧？

註釋

1 火柴的發展歷史，可參閱李紀幸，《台灣火柴史之研究》（台北：淡江大學歷史學系碩士論文，二〇〇二年）。

2 顏義芳，〈導讀〉，《日據時期台灣燐寸史料選編》（南投：國史館台灣文獻館，二〇一五年），頁VIII。

3 同前註，頁VII。

4 《台灣時人誌（下冊）大陸來台人士篇》（台北：龍文，二〇〇九年），頁九。

5 茅家琦，《蔣經國的一生和他的思想演變》（台北：台灣商務，二〇〇三年），頁二三一—二三三。

6 吳順生一九九七年三月二十八日監察院陳情書內容，轉引自謝聰敏，〈白色恐怖補償兩法案立法過程之探討〉，收錄於倪子修編，《戒嚴時期政治案件之法律與歷史探討：a legal & historical examination》（台北：戒嚴時期不當叛亂暨匪諜審判案件補償基金會，二〇〇一年），頁一八九—一九〇。

7 曾詠悌，《以黨養黨——中國國民黨黨營事業初期發展之研究（一九四五—一九五二）》（台北：國立台灣師範大學歷史學系碩士論文，二〇〇四年），頁一一〇。

8 安藤陽平，〈学校教育の逆説—安岡章太郎「宿題」〉，《立命館文学》（京都：立命館大学人文学会編）六七五號，二〇二一年十月，頁二七一。

9 同註7，頁七七。

10 同註7，頁七八。

11 中央委員會財務委員會，〈裕台企業股份有限公司概況〉，《本黨經營各事業概況》，一九五四年七月，頁四。

12 〈國防部總政治部任內文件（四）〉，《蔣經國總統文物》，國史館藏，數位典藏號：005-010100-00053-007。可參閱：不當黨產處理委員會網站：https://www.cipas.gov.tw/stories/301（瀏覽日期：二〇二一年十一月二十八日）

13 同註11，頁十。

14 即法務部矯正署新店戒治所現址，過去為國防部台灣軍人監獄，另稱新店軍人監獄，簡稱新店軍監，一九七三年改名為國防部新店監獄，另名為「明德山莊」，對外則稱「自力新村」。

15 孫元錦的受難故事，可參閱范泓，《民主的銅像——雷震傳》（台北：獨立作家（秀威資訊），二〇一三年），頁二二二—二二五。

16 裕台公司佔有五十%以上股份的公司計有：台灣裕豐紗廠公司、台灣火柴木業公司、景德製藥公司、台灣建業公司、榮裕裝訂公司。股份未及五十%者計有：中華證券投資公司、台灣證券交易所公司、中央產物保險公司、中華開發信託公司、建台水泥公司、中華貿易開發公司、中興電工機械公司、新興電子公司、大坪頂自來水廠、雲祥印刷出版公司、台灣水泥公司、台灣工礦公司（統計截至一九七〇年七月止）。資料彙整出處：中央財務委員會編，《本黨經營事業概況》（台北：中國國民黨中央財務委員會，一九七〇年）。此筆資料統整為不當黨產處理委員會研究員藍逸丞先生提供，謹此致謝。

Vol.

7

西門町影史漫遊

日產戲院「新世界大樓」的前世今生

陳宇威

繁華街景背後的本土影院史

台北萬華區的「西門町」，不但是台北市西區最重要的消費商圈，也是各種時下流行文化、時髦商品的最前線。每到假日，西門町總能吸引許多在地人與觀光客到此一遊，也拜鄰近台北車站、便利交通之賜，自助旅行的外國旅客們，也非常喜歡把西門町列為必訪或旅遊住宿的首選。

漫步西門町商圈，除了琳瑯滿目的衣飾、美食與各種流行百貨外，最令人印象深刻的，莫過於隨處可見、密度甚高的「電影院」了。

一抵達西門捷運站，走出六號出口，映入眼簾的是作為醒目地標、白淨明亮的「新世界大樓」，在五顏六色的商圈中別具氣質，目前有著名的服飾品牌進駐其中。「真善美戲院」則位於七樓，以大樓外的顯眼招牌迎接喜好藝文電影的影迷們。此外，在台灣電影史上有著深遠影響的「中影股份有限公司辦公室」，也座落於內。

走進徒步區，步入格狀的街道，陸續可見許多宣傳看板，大樓外的大螢幕播放著當期強檔電影的預告片段。越往內走，看見一根一根的立柱貼滿電影宣傳海報，引領人們逐步踏入由數間影院串起的「電影街」（武昌街）。這裡還有一座「電影主題公園」，配合電影街的生態跟文化，成為戶外的影音活動休閒場地。

7

西門町影史漫遊

圖 1｜新世界大樓現址
圖片來源：陳宇威

不知道有多少人對於西門町電影院的密度之高（以及延伸到北門的相機街）感到疑惑與好奇？但倘若用心觀察、了解西門町的歷史後，會發現這樣的商業生態絕非偶然，其中囊括了近百年的歷史底蘊。

日本時代，西門町作為台北「城內」的延伸，從一片荒涼的墓地被開發為住宅與商業區，就此成為當時的核心娛樂地帶。「電影街」的格局，則在一九三五年台灣博覽會後蔚然成形，到了戰後更邁向另一波高峰。而這等規模龐大又歷史悠久的影業與影史資源，卻因為身為戰前的「日產」，而和台灣戰後的黨國體系產生了許多糾葛……

隱藏在熱鬧街區背後的這段威權歷史，讓我們先從台灣人與電影的相會說起。

相招來看戲：日治時期新式戲院的出現

台灣的電影院和新式戲院發展史，最早可追溯至日治時期。伴隨殖民統治的展開，西式與日式的戲劇文化在此時也逐漸輸入台灣。對當時的台灣人而言，「看戲」已不再專指於開放空間演出的漢人傳統戲曲，日本的舊劇[1]和新興科技所造就的電影，也成為普遍的娛樂選擇。由此可見日治時期台灣的劇場文化，其實是同時受到中國、日本甚至是西方的影響。

不過，因為殖民者與被殖民者之間仍有文化隔閡，因此陸續出現的新式戲院，尚未能對台灣的傳統戲曲表演產生太大影響。[2]例如日治初期專為日本人服務的封閉式劇場「浪花座」，大半時間還是以日本戲劇為主，直到一九〇九年，被日本人稱作「支那劇場」的淡水戲館於大稻埕落成後，作為專門讓中式戲班使用的戲院，漢人傳統戲曲才開始進入封閉的表演空間，發展出獨立於宗教慶典、建醮活動之外，更為單純的娛樂活動。[3]

「淡水戲館」最初名為「支那戲館」，從名稱就可得知，在該戲院演出的戲碼以中式戲曲為主，但其舞台設計並不像傳統的中國式戲台往外突出，而是採取西式劇場的內縮式結構。據聞當時總督以「二十年內大稻埕地區不得再建造其他戲院」為條件，才將建築許可發給淡水戲館。[4]

到了一九一五年，鹿港士紳辜顯榮從日本人手中購得淡水戲館，並將之改建、改名為「台灣新舞台」，不僅可以演出平劇、布袋戲、歌仔戲等傳統戲曲，還能放映當時最新潮的電影，可說締造了當時大稻埕戲曲娛樂風華的黃金時代。不幸的是，曾經盛極一時的台灣新舞台，最後卻毀於二戰時美軍所發動的台北大空襲。

一九九六年，時任中國信託商業銀行前榮譽董事長辜振甫與董事長辜濂松，決定由該行出資重建第二代新舞台，堪為當時頗具規模的表演藝術廳，後來更被台北市政府列為文化資產。但第二代新舞台可惜仍於二〇一七年與銀行舊總部大樓一併被拆除，現已不存。

台灣開始出現電影，與日本在台灣的殖民統治日益穩固有關，也因播放電影的設備門檻，推動了劇場外觀、建材、內部硬體設備的大升級。宏偉的戲院，逐漸成為城市中的顯著地標。

以一九三五年落成的「台北市第一劇場」為例，不但設計上盡可能減少觀眾席的

❷ 圖 2、3｜在台灣新舞台演出平劇的情景。
❸ 圖片來源：井出季和太，《興味の台灣史話》

視線死角，更規劃了冷氣、喫茶室、餐廳、娛樂室等空間設備[5]，相當程度顯示了殖民者藉由資本主義，在台灣社會、經濟、娛樂等方面所留下的深刻痕跡。

這時，戲院的劇碼也已不限於舞台上搬演的戲劇了。只要名稱帶有「座」、「館」、「劇場」、「舞台」等字眼的演出場所，通常都具備播映電影與戲劇展演的雙重功能。電影受歡迎的程度也慢慢超越戲劇，成為觀眾前往戲院的主要消費目標。

除了頂級設備帶來的觀影體驗外，對戲院而言，拉攏顧客最重要的關鍵，還是那些五花八門、精采絕倫的電影片單。例如身為日治時期知名戲院的「新世界館」，當時就播放了來自日本和美國好萊塢的各類作品[6]，像日本電影有自舊劇改編而成的《一條大藏卿》，或是從經典小說改編的《金色夜叉》；美國電影則有《幸福之谷》（*A Romance of Happy Valley*）。

不過，並不是人人都有機會進入戲院一飽眼福。因為戲院大多設在繁華的都市，其他地方的一般百姓，不見得有錢有閒上戲院看電影。然而電影作為一種新媒體，本身的傳播性以及許多新穎且具啟蒙性的內容，對人們而言還是具有吸引力，因此，電影「巡演」就成了當時台灣重要的媒體工具和街路風景。

不論是致力於推動台灣人文化啟蒙的台灣文化協會，或是台灣總督府要宣導政令與衛生觀念，推動社會教化與皇民化運動，我們都不難發現，電影放映在這些場合中，已然成為新潮又有效的傳播工具。前者有「美台團」、活動寫真班，以及配合電影訓練專門講解默片劇情的「辯士」；後者則有總督府文教局的巡迴電影班，專門在台灣各地拍攝與放映教育性影片。[7]

或許可以說，在台灣土地的每個角落，都有一段專屬於地方人們的電影史，等待被發現與挖掘。

夜的歡樂境：「新世界館」的成立與戰爭動員

一九二〇年九月，座落於台北市西門町一丁目三番地（即今台北市萬華區漢中街一一六號），「新世界館」正式落成啟用。「新世界館」又稱「第一世界館」，即是後來的「新世界戲院」、今日西門町「新世界大樓」之前身。[8]

根據《台灣日日新報》的記載，「新世界館」約斥資十二至十五萬日圓建成，內部裝潢極為氣派，座位是傳統的榻榻米，可容納一千七百名觀眾，舞台邊還設有管弦樂團的演奏區域，是當時相當豪華的戲院。[9]

至於新世界館的觀眾，主要來自鄰近的若竹町（約為今台北市萬華區貴陽街、中華路、長沙街、昆明街所圍區域）與新起町（在若竹町北方，約為今台北市萬華區漢

圖 4｜新世界館外的街道與電影廣告海報，傳達出台灣當時的摩登氛圍。
圖片來源：李火增攝影・王佐榮授權

中街、成都路、中華路、長沙街所圍區域）的日本人居民。[10]從新高堂書店以新世界館為主題的明信片中，也可看出它受歡迎的程度——明信片的標題寫著「THE CINEMA HALL "SHINSEKAI KAN"（台北）夜の歡樂境、活動常設新世界館」，說明了新世界館之於台北夜生活的重要地位。[11]

不過，摩登城市的娛樂發展，終究難逃軍國戰爭的影響。一九三六年九月，新上任的小林躋造總督便宣佈，要以「皇民化、工業化、南進基地化」作為總督府主要施政方針，目標是將台灣建設成進軍華南與東南亞的基地。

其中「皇民化運動」，除了廣為人知的國語家庭、更改姓名、眾神升天等政策，以求在精神、文化與生活上進行更全面的皇民改造之外，還要在廣播、新聞、電影、戲劇、音樂、書籍等媒介，植入大和精神教育。

因此，在一九四一年後，台灣播放電影的內容，開始由日本帝國內閣情報局直接控管[12]，當局明文規定減少自英、美、中等國進口電影的數量，並要求電影製作與放映必須具有「國防宣傳」以及「統治教化」兩大目的[13]，「時局電影／新聞電影」與「軍事電影」因而成為此時電影院播放的大宗。諸如《南進台灣》[14]、《君之代少年》[15]以及《莎韻之鐘》[16]等片，都是非常有名的案例。[17]

其中，《莎韻之鐘》的第一女主角，便是當時有著「扶桑解語花」之美稱的日本

❺
——
❻

圖 5｜《支那之夜》中另外兩首知名歌曲——《想兄譜》與《蘇州夜曲》的歌詞與劇照。
圖 6｜報紙上刊登介紹《莎韻之鐘》的圖文內容。
圖片來源：台灣轉型正義協會朱家煌理事長

名演員——李香蘭，就連台灣文化協會的重量級人物林獻堂也是她的忠實粉絲。[18]根據《灌園先生日記》所載，林獻堂不只緊跟著李香蘭在台灣的宣傳行程，還曾以「李香蘭」為主題寫下四首七言絕句，最後更是「追星」追到日本去了。李香蘭在日本帝國境內的火紅程度，以及當時電影的傳播影響，由此可見一斑。

然而，這些因應戰爭動員與帝國國策的電影，自日本天皇宣佈戰敗的「玉音放送」從收音機播放出來的那一刻起，失去了意義。台灣人與台灣影業的命運，也從一九四五年八月十五日起迎來巨變。

作為「日產」的電影院與戰後影界

日本時代，台灣關於電影製作與發行的相關業務，主要由總督府所設立的「台灣映畫協會」與「台灣報導寫真協會」負責，為的是能對包含電影業在內的媒體與機關，進行統一管理與資源整合。戰後，這兩個單位則由白克導演奉國民政府之命接收、改組為「台灣電影攝製場」。[19]

當時，台灣電影攝製場的設備和空間還相當簡陋，直到攝製場從大稻埕搬遷到台北植物園中的武德殿之後，才有比較完備的電影硬體設施，如攝影棚、錄音室、洗印房和放映室等等。[20]之後，台灣電影攝製場因為宣傳委員會奉令裁撤，先是在一九四七年改隸屬於行政長官公署新聞處，最後在一九四九年改歸屬於台灣省政府新聞處，並改名為「台灣省電影製片廠」。

戲院方面，則是按《台灣省電影戲劇管理辦法》進行處理：行政長官公署宣傳委員會監管原先由日本人經營的所有日產戲院[21]，其中一部分出租給民間人士經營。一九四六年三月，「台灣電影事業股份有限公司」籌備處成立，與宣傳委員會、日產接收委員會共同辦理清算事宜。

不過，台灣電影攝製場其實早在終戰結束沒多久後，就啟動了第一部影像作品——一九四五年十月二十五日，於台北公會堂舉行的中國戰區台灣省受降典禮，由行政長官陳儀代表盟軍接受日本總督簽署降書，正是由台灣電影攝製場記錄並輯為《台灣省受降特輯》。[22]然而，這場受降典禮，事後卻諷刺地見證了當時台灣知識分子心向祖國，後來卻遭逢威權暴政的傷痛與失落。

同樣盛裝參與這場受降典禮的林茂生，便是一例。

林茂生身為台灣第一位留美博士，戰後受聘為國立台灣大學教授，除了在台大主講東洋哲學課程，還兼任台大先修班主任、代理文學院院長等職務，並與許乃昌、黃旺成創辦《民報》，出任該報社的社長。

在受降典禮結束之後的「台灣光復慶祝大會」上，林茂生發表了一篇意氣高昂的演說[23]，從演說的內容與展現的情感看來，此時林茂生對於代表「祖國」的中國國民黨抱有高度期待，希冀祖國的「光復」能將台灣重新拉進中國悠久的歷史脈絡當中。而從一九四五年十月十日《民報》創刊號的創刊詞就可以看出，林茂生與黃旺成、許乃昌等辦報要角，亦是站在認同中國的立場，自許為延續中華民族精神的重要角色。[24]

懷抱如此正向的理想，林茂生與《民報》成員面對當時的政治情狀，積極以筆桿揭露其中的不公與黑暗，舉凡貪污、行政權位壟斷、雞犬升天之陋習、外行領導內行、法治未能有效執行等眾多亂象，都在《民報》記者的銳利筆鋒下展露無遺。至於國民黨接收日產戲院以及後續的不合理處置，當然也在《民報》的報導批評之列。

一九四七年二月二十七日，二二八事件前一日，《民報》刊出〈日產戲院之波紋：省電劇公會發表聲明〉一文，指出《台灣省電影戲劇管理辦法》的弊病與缺漏。按管理辦法，由台灣人經營的戲院除外，行政長官公署的宣傳委員會得以監管原先由日本人經營的所有日產戲院[25]，再由宣傳委員會將其中一部分日產戲院出租給民間人士經營。

這原本是讓電影事業回歸民營的作法，但一九四七年時，國民黨省黨部決定從行政長官公署手中接管日產戲院。當時，承租影院的「台灣省電影劇院公會」（簡稱「台

省各界籌組
藝術建設協會

農林展覽
四月開幕

產戲院的波紋
省電劇公會發表聲明

眞豈有此理！
隣長拒絕未報戶籍配米，扭到警局分解竟被打扣留，區民憤慨將抗議。

圖 7 ｜ 1947 年 2 月 27 日，刊登於《民報》597 號第 3 版的台灣省電影劇院公會陳情聲明。
圖片來源：國立公共資訊圖書館數位典藏網

灣省電劇公會」）成員們，才剛費去大把的心力和精神，把經過二戰摧殘的電影院、戲院與放映器械逐一修整完備，豈料才剛要開張，就得面對與長官公署訂定的新契約——有的合約直接被取消撕毀，有的合約則是被附加極嚴苛的新條款，讓影院經營者瀕臨財務危機。電劇公會成員迫不得已，藉由《民報》發表聲明，向台灣省黨部、台灣省參議會以及行政長官公署陳情，希望能改寫契約內容並延長承租期限。

然而，電劇公會的陳情尚未得到國民黨與政府的回應，台北城中的香菸交易爭執，便已先一步轉變成大規模的軍民衝突，釀成二二八事件。流血衝突爆發，成為國民黨實行高強度軍事鎮壓的絕佳理由，也讓原本身為台大教授，又同時身兼刊出聲明的《民報》社長與電劇公會理事長的林茂生，瞬間置身致命的政治風暴中——林茂生被安上了「鼓動該校學生暴亂」、「強力接收台灣大學」、「接近美國領事館企圖由國際干涉妄想台灣獨立」三項罪名[26]，成為國民政府優先剷除的目標。他於一九四七年三月十一日被六名武裝便衣特務帶離住家，自此下落不明，推估在三月十一日至十六日之間遭到處決。

這樣一位優秀的台灣知識分子，出於對祖國的信任、期待與推崇，並身為台灣高等教育、報業與影業的關鍵人物，最後卻被祖國視為反動勢力狠心背叛。回到受降典禮的現場，當時的林茂生恐怕無法想像，自己將命運交託給這樣的「祖國」。

而在戰後台灣影界面臨各種組織合併、商務租賃、相關業務籌辦的混亂情況中，懷抱著電影夢的電影工作者們，再度遭遇了曲折的挑戰。首當其衝的是《阿里山風雲》[27]的劇組，因國共內戰大局抵定、中華民國政府遷台所致，劇組原本隸屬的上海國泰公司，決定不再支援已經抵達台灣的工作人員，最後導演把拍攝地點從阿里山改至花蓮太魯閣，並藉著軍方演劇隊、藝工隊和當地太魯閣族原住民的協助，才完成這部台灣第一部華語劇情電影，於一九五〇年二月十六日在台北市中山堂首映。到了一九五九年，女主角吳驚鴻跟著電影在紐約登台，反應還相當熱烈。

至於原本由行政長官公署轄下的宣傳委員會監管的戲院，在一九四七年一月

圖 8 │ 《阿里山風雲》導演張英與演員的合照。
圖片來源：台灣轉型正義協會朱家煌理事長

二十七日至二月九日間，陸續轉由中國國民黨省黨部接管。[28] 六月時，「台灣電影事業股份有限公司」由黨部的財政委員會正式成立，十月，國民黨的「台灣電影事業公司」接著成形（簡稱「台影」），並於一九五三年與蔣經國擔任董事長的「台灣農業教育電影股份有限公司」（簡稱「農教電影公司」）合併成「中央電影事業股份有限公司」，也就是今日我們所熟知的「中影」。已改名為「新世界戲院」的新世界館，以及當時最豪華氣派的大世界戲院和其餘十二家戲院，自此便由中影承接經營。

曇花一現的「新世界劇運」

身為電影院的「新世界戲院」，曾經有一陣子，短暫地成為舞台劇「劇運」的重要基地。而這個發展，竟和戰後台灣的郵電工人與工運有關。

一九四六年九月，「台灣省郵務工會」剛成立沒多久，為了因應戰後學習國語的熱潮和需求，工會另外開設「國語補習班」讓郵電工人學習「國語」，除了滿足口說、寫作等日常溝通之需，也期望能培養工人爭取勞工權益的進階能力。

為此，補習班也規劃刊物《野草》，收錄郵電工人們的作品，一方面作為語言練習的園地，二方面也成為工會成員們的生活精神指標，讓年輕人有更多娛樂的選擇，寫作、合唱、閱讀等活動，成了他們日常的一部分。

這些由國語補習班推行的文化與政治運動，和中共在中國大陸經歷一九四二年以降的延安整風、土地改革以及思想改造運動後所推行的文藝運動十分相似，同樣都是以現實主義、建立革命事業為導向而發展出來的方言文學運動、民歌民劇運動、版畫運動等。最為顯著的例子，莫過於一九四九年三月，經台北市政府核准成立的「鄉土藝術團」。[29]

鄉土藝術團的成員主要是鐵路工人、郵電工人與學生，他們曾有一齣歌仔戲版本的《白蛇傳》，改編得相當巧妙。在他們的改編下，白素貞並不是蛇精化身而成的女子，而是名醫的後代，白素貞和婢女小青憑著白素貞父親留下的醫書，救治了許多病人，兩人的善舉讓患者漸漸不再去金山寺求神解厄，卻擋了金山寺法海和尚的香油錢財路，於是法海欺騙白素貞的丈夫許仙，說白素貞與小青是由蛇妖變身而成，最後白素貞與小青被法海與許仙騙至金山寺活活燒死。全劇展露對庶民階級的強烈關懷，以及對貪財豪強的深刻批判與厭惡，贏得觀眾的熱烈迴響。[30]從這齣「新編白蛇傳」也可以看出，當時的勞動階級與學生，已經具備將周遭環境所見，轉化為動人戲劇故事的能力，進而表現出他們對公正社會與尊嚴生活的嚮往。

但國語補習班與鄉土藝術團這些由基層帶來的文藝榮景和勞運啟蒙，都在「歸班運動」與「台灣省工委會郵電總支部案」之後戛然而止。「歸班運動」乃是郵電工人於一九四九年三月，為爭取編制內正式聘僱身分以及合理酬勞所發起的運動，是二二八事件後首度發起的公開群眾運動。[31]不幸的是，同年五月，象徵白色恐怖開端的法條——《懲治叛亂條例》與《檢肅匪諜條例》頒佈，不論是郵電工會的成員，或是潛伏在郵電工會中的共產黨黨員，盡皆遭到逮捕、審訊、關押與處決。與郵電工會關係匪淺的鄉土藝術團，其成員也大多逃脫不了大規模的追捕與長期監禁。這樁整肅郵電工會與潛伏共產黨成員的「台灣省工委會郵電總支部案」，後續還衍生出「台南市委會郵電支部案」，使得更多人受到牽連而入獄。

鄉土藝術團以學生和基層勞工為核心發起的戲劇運動，因郵電案告一段落。中國國民黨則從國共內戰記取教訓，逐漸意識到戲劇具有作為文宣武器的重要性質。[32]因此，蔣經國在一九五〇年主導成立了「中華文藝獎金委員會」（簡稱「文獎會」），除了設置十七個委員會負責評比各文類作品外，更提供戲劇類獎金每本兩百至五百元不等，比當時的公務員月薪還高出許多[33]，藉此吸引各路深諳官方文藝政策的知識分子紛紛投入劇本創作。

一九五五年，曾於文獎會中的「話劇委員會」擔任審查委員的李曼瑰，推動成立「中央話劇運動委員會」（簡稱「劇運會」），輔導委員包括時任國民黨中央委員的張道藩、唐縱、周宏濤、上官業佑等人，演出委員則有軍方代表的董心銘、朱白水、吳劍聲等人。[34]其中，張道藩更是當時的立法院院長，周宏濤則是蔣介石的祕書，李曼瑰也是時任立法委員。[35]由此可見劇運會與黨、政、軍之間的密切聯繫。

從戰前來到戰後的新世界戲院，此時再次站上了時代舞台。下定決心推動劇運的國民黨中央黨部與中影協商，希望「撥出新世界戲院作為發展劇運的地盤」[36]，以振興戲劇、推廣反共與戰鬥文藝為目標的「新世界劇運」，便在中國國民黨的高規格重視下熱鬧地展開了。

然而，相對於政治上的熱忱，創作端卻無法展現出對應的活力。因為劇團得以搬演的劇本，大多是先前已有演出紀錄，或是從原著小說、原著劇作改編而成的作品。[37]這個限制，主要又與兩大因素有關：第一，這些已演出過的劇本或已出版過的小說，大多已經通過國民黨審查，劇組不必擔心觸犯當局禁忌；第二，雖然前述的中華文藝獎金委員會評比出不少「傑出」劇本，但演出終歸得考慮現實條件。文獎會評選的優秀劇本，有的內容設定過於龐雜，不利劇團演出，有的故事則是純粹按照官方的反共樣板寫成，無法吸引觀眾買票進場。文獎會認證的劇本，終究無法成為新世界劇運的核心劇碼來源。

然而，劇運會仍有部分作品真正受到觀眾歡迎，並在自由市場中展現出雄厚的票房實力。例如《聯合報》曾報導，一九五六年二月十五日《漢宮春秋》上演，此劇叫好又叫座，逼得治安機關必須出手干預購票制度，才能解決因大量觀眾排隊造成的交通問題。觀眾的熱切反應，也讓檔期一延再延，劇運會先在二月二十二日決定《漢宮春秋》演到三月二十日，但又在三月十六日時決定加演，延到三月三十一日再下檔，劇運話劇受歡迎的程度由此可見。但這種不斷延長檔期的措施，也使得各劇上映的檔期非常不穩定。

這場一年又數個月的新世界劇運看似風光，背後卻有諸多問題，因為欠缺完整規劃而逐漸暴露。其中，演出場地便是一大難題，因為設備良好的劇院通常租金過高，或是寧願作為電影院而不用作舞台劇院。舞台劇演出成本高，票房捐稅過重，即使有政黨挹注資源，劇團也慢慢不堪負荷。[38]這也導致劇運會經費快速消耗殆盡，電影設備完善的新世界戲院亦被中影收回[39]，畢竟和舞台劇相比，電影有著更高的商業利潤。新世界戲院短暫的舞台劇生命，也就隨著劇運的落幕至此告一段落。

新世界戲院的黨產魅影

經歷了諸多風波，回歸中影的新世界戲院終於重新回到電影本業，首先播放的是米高梅電影公司於一九三九年推出的電影《綠野仙蹤》（*The Wizard of Oz*），在劇運結束、新電影尚未及時補上的時刻，選擇放映《綠野仙蹤》是個頗為有趣的小過場，因為在一九五四年《中美共同防禦條約》正式簽訂之後[40]，中國國民黨領導的中華民國政府，成為美國圍堵共產主義的忠實盟友，在文化與經濟上也開始向美國靠攏。一九六七年八月十二日，新世界戲院的重建開幕典禮上，首映哥倫比亞公司全新西部電影《四虎將》（*The Professionals*），也可作為證明。[41]

可惜的是，那座在日治時期誕生、度過了二戰隆隆砲火、獨力撐起舞台劇劇運的元祖新世界戲院，已在一九六五年由中影董事會決議拆除。參與這場「重建」典禮的新世界戲院，正式名稱為「新世界中影第一大樓」，明確宣告了中影對新世界戲院的所有權。

除了放映來自美國的好萊塢電影，新世界戲院也是許多台灣本土電影和亞洲電影的上映重鎮。例如一九七四年第二十屆亞洲影展，有來自香港的《冬戀》、韓國的《水仙花》、日本的《日本沉沒》以及台灣的《雪花片片》等作。一九七九金馬影展、一九八三年亞太影展的入圍與得獎作品，也都曾於新世界大樓登台。

值得一提的是，一九七九年四月三十日起，接連三天放送的金馬獎入圍影片，其中包含《黃埔軍魂》與《成功嶺上》兩部軍隊氣味濃厚的電影。因為就在同年的一月一日，美國總統卡特對中華人民共和國政權的承認正式生效，亦代表了《中美共同防禦條約》的結束，雖然台灣此時的創作氛圍已經遠比白色恐怖初期來得輕盈，但隨著政治環境的種種變化，黨國政權的思緒依舊會透過電影院與其他管道，繼續表現著莊敬自強、處變不驚的堅定意志。

不過，儘管經過幾次合併、改名、拆除又重建，都無法遮蓋新世界戲院在歷史長流中，被捲進「中影」自一九五三年成立以來陸續為黨國體制累積不當資產的脈絡與事實。

二〇一八年，中影資產因黨產問題被凍結，除了新世界大樓外，還包含三三〇部影劇著作、中影八德大樓、中影文化城等重要財產。經歷詳盡的研究[42]與數年的法律攻防後，中影的黨產問題，終於在二〇二一年八月二十四日有了突破性的進展——黨產會與中影公司締結行政和解契約，中影公司需在六十天之內繳付國庫九億五千萬元，二〇〇六年四月二十七日之前中影持有的著作與影片，也都讓與國家。黨產會與中影耗時已久的行政訴訟，至此終於告一段落。

這項契約對於黨產會、中影與台灣社會而言，都有極大的意義。一方面，它伸張了黨產會與台灣社會面對「轉型正義」的核心認識與關懷，特別是在「清算」之外，如何透過「和解」取得進步與正義的成果。二方面，中影亦可擺脫黨國體制的陰影，不用花費大量心力糾結於訴訟之上，往後更能專注於台灣的影視開發與相關人才培育。

然而，在新世界戲院之外，無數歷史大劇走過的戲院們，還有多少不義黨產的歷史魅影蟄伏其中？那些曾經在台灣街道與觀眾眼中熠熠閃耀的日產戲院，它們與國民黨政府之間的故事，且讓我們一一探究，揭開隱藏在歷史暗面的層層劇本吧。

註釋

1 「舊劇」指的是日本三大傳統劇種：能劇、歌舞伎、人形淨琉璃。參見葉龍彥，《台灣的老戲院》（新北市：遠足文化，二〇〇六年），頁三〇。

2 張儷齡，《台灣現代劇場空間公共秩序之形成：人類肉體「文明化」的多重堆疊》（新竹：國立交通大學社會與文化研究所碩士論文，二〇〇七年），頁二七。

3 同前註，頁二七—三一。

4 呂訴上，《台灣電影戲劇史》（台北：銀華出版社，一九六一年），頁一九六。

5 同註2，頁三〇。

6 當時台灣播映的日本電影來自日活、ＰＣＬ、三映社、東和商事等電影公司；美國好萊塢電影則來自環球、聯美、派拉蒙等公司。同註1，頁五六。

7 李明道，〈日治時期台灣電影發展簡史〉，《跨世紀台灣電影實錄：一八九八—二〇〇〇（上冊一八九八—一九六四）》（台北：行政院文化建設委員會，二〇〇五年），頁十三。

8 中央研究院人社中心ＧＩＳ專題中心暨國立清華大學台灣文學研究所石婉舜研究室（二〇一七），〈新世界館／第一世界館／台北世界館〉，台灣老戲院文史地圖（一八九五—一九四五），http://map.net.tw/theater（瀏覽日期：二〇二一年三月二五日）

9 同註1，頁四六。

10 張哲生，〈一九三二年，台北西門町，正在上映實況電影《滿蒙大激戰》的新世界館（於一九六五年拆除，改建為新世界商業大樓，目前進駐Ｈ＆Ｍ）〉，張哲生個人臉書，https://www.facebook.com/zhangzhesheng/photos/pb.124164094530.-2207520000.1476765730./10154193071894531

（瀏覽日期：二〇二一年四月三十日）

11 錢宗良教授捐贈圖檔，〈夜の歡樂境，活動常設新世界館（台北）〉，國家圖書館台灣記憶網站，https://tm.ncl.edu.tw/article?u=001_103_NTUv01093&lang=chn（瀏覽日期：二〇二一年四月三十日）

12 蔡錦堂，〈日治時期的電影與紀錄片〉，《台灣學通訊》（二〇一八年三月），頁七。

13 霍嘉萱，《「莎韻之鐘」事件的影像歷史再現及文化意義——以《莎韻之鐘》與《不一樣的月光：尋找莎韻》為例》（台北：國立政治大學傳播學院碩士論文，二〇一八年），頁七一。

14 在《南進台灣》這部紀錄片中，拍出了台灣的熱帶情調、都市街景與原住民生活樣貌等不同面向，將台灣描述成自然資源豐富的小島，在經過日本帝國的教化與統治之後，已經是一個理想的居住天地，也是可以向日本內地供給工業資源的基地。曾芷筠，〈兩部日治時期電影中的日本人形象：《南進台灣》和《沙鴦之鐘》〉，國家電影及視聽文化中心放映週報網站，http://www.funscreen.com.tw/fan.asp?F_No=596（瀏覽日期：二〇二一年一月十二日）

15 《君之代少年》亦被記為《國歌少年》，其故事描述公學校三年級學生詹德坤，因大地震身受重傷，臨死之前堅持唱完整首日本國歌《君之代》。此故事改編自真人真事，除了被拍成電影之外，也被收錄進學校課本。周婉窈，〈日治末期「國歌少年」的神話及其時代背景〉，《海行兮的年代：日本統治末期台灣史論集》（台北：允晨，二〇〇三年），頁一—二。

16 《莎韻之鐘》亦被記為《沙鴦之鐘》，故事主角為泰雅族少女莎韻（沙鴦），當村落裡的警官武田收到軍隊的徵召令時，莎韻堅持為武田送行並幫忙運送行李，卻不幸在颱風夜中落河遇難。日本人為感謝莎韻的誠心，立了一口「莎韻之鐘」來紀念此事蹟。來源同註14。（瀏覽日期：二〇二一年一月十二日）

17 蘇致亨，《毋甘願的電影史：曾經，台灣有個好萊塢》（台北：春山，二〇一九年），頁七九。

18 同前註，頁八〇。
19 全稱為「台灣省行政長官公署宣傳委員會電影攝製場」。同註4，頁三一。
20 同註17，頁八六。
21 羅樹南、高肖梅、黃金濠、薛惠玲編輯，《跨世紀台灣電影實錄一八九八—二〇〇〇》（台北：行政院文化建設委員會，財團法人國家電影資料館，二〇〇五年），頁一四一。
22 同前註，頁一三六。
23 林茂生的演說摘錄：「光復之事已完成否？不然，光復之事業是自今日始，建設協力，光復之最後階段，在乎完全回復之自由，回復中國完全之自由，革命尚未成功，同志須當努力。」參見李筱峰，《林茂生．陳炘和他們的時代》（台北：玉山社，一九九六年），頁一三三。
24 《民報》創刊詞摘錄：「復興我國五千年來的民族精神，完成地方自治以便實現民權的行使，企圖實業獎勵生產以便衣食住行的民生，這是國父孫總理遺下三民主義的宗旨，也是建設新台灣的準繩，但是在於各種建設中，總是要有一種嚴正的言論機關，作不偏不黨的忠實報導而外，有時可作興奮劑，有時可作清涼散……」同前註，頁一八七。
25 同註21，頁一四一。
26 張若彤，《究竟228：林茂生之死與戰後台灣反日力量的覆滅》（台北：講台文化有限公司，二〇二一年），頁十五。
27 《阿里山風雲》是以「吳鳳犧牲自己，以革除原住民出草獵人頭習俗」此一傳說故事為基礎所拍攝而成的電影。著名歌曲〈高山青〉便是當年《阿里山風雲》的電影插曲。
28 不當黨產處理委員會，《中央電影事業股份有限公司初步調查報告》（台北：不當黨產處理委員會，二〇一六年十二月十六日），頁二七。
29 鄉土藝術團團長為徐瓊二，本名為徐淵琛，有「戰鬥的理論家」之稱，在二二八事件之前即為中國共產黨地下黨員，一九四九年補選為台北市第二屆臨時參議員。藍博洲，〈革命醫師郭琇琮（下）〉，《傳記文學》第四八卷第六期（二〇〇四年六月），頁八三。

30 同前註，頁八四。

31 陳柏謙，〈台灣郵電工人與他們的《野草》：紀念郵電歸班大遊行七十週年〉，苦勞網，https://www.coolloud.org.tw/node/92572#footnote1_2mj77rc（瀏覽日期：二〇二一年四月二十七日）

32 第七屆國民黨第六次全國代表大會黨務報告有以下內容：「……在藝術宣傳中，尤以戲劇運動最為主要……」羅揚，〈復甦與沉寂：重探一九五〇年代的「新世界劇運」〉，《藝術評論》三九期（二〇二〇年七月一日），頁九三。

33 陳美美，〈文藝與政治的邂逅：民族精神教育與文藝政策對現代藝文的影響〉，《華人文化研究》二卷一期（二〇一四年八月），頁一六八。

34 黃仁，《台灣話劇的黃金時代》（台北：亞太圖書出版社，二〇〇〇年），頁三〇。

35 同註32，頁九五。

36 〈新世界戲院與劇運〉，《自立晚報》，一九五五年七月九日，第二版。

37 自一九五六年二月到一九五七年六月這一年中於新世界戲院演出的十五齣舞台劇，有像《乘龍快婿》就是齣以被虛榮支配的女孩邱逸群為主角、挑選「乘龍快婿」的都市幽默故事；《黛綠年華》講的是一個富有家庭的父母各有志業，被冷落的子女因此各顯叛逆的諷刺喜劇；也有劇本以大時代大敘述下的恩怨糾葛為賣點，像是國共內戰下的感人愛情故事，就是《春歸何處》一劇的核心主旨；或是《清宮殘夢》描繪革命氛圍籠罩下的清廷，慈禧太后、光緒帝、李蓮英和珍妃等人的勾心鬥角和兒女情長，在此劇生動上演。資料來源：嚴肅，〈介紹康總演出的「乘龍快婿」〉《自立晚報》，一九五六年三月三十日，第二版；黃仁，《台灣話劇的黃金時代》（台北：亞太圖書出版社，二〇〇〇年），頁六四。

38 同註4，頁四〇七。

39 哈公，〈藝文圈內 從最近世界劇壇大事 再談台灣戲劇〉，《聯合報》，一九五八年五月二十三日，聯合副刊，第六版。

40 陳芳明，《新台灣文學史》（新北：聯經，二〇一一年），頁二七七。

41 《四虎將》（The Professionals）講述四名傭兵應徵富商的懸賞，前往墨西哥拯救被墨西哥人擄走的富商妻子，卻發現墨西哥人與富商妻子是青梅竹馬的愛人，雖然傭兵們最初為了富商的高額報酬而強行拆散兩人，最後仍選擇成全眷侶的愛情，放棄優渥獎金並護送他們返回墨西哥故鄉。四虎將 (1966)-Plot Summary，IMDb 網站，https://www.imdb.com/title/tt0060862/plotsummary?ref_=tt_stry_pl（瀏覽日期：二〇二一年一月十三日）

42 國立清華大學科技法律研究所陳宛妤副教授，曾以行政院、國民黨台灣省黨部、國民黨中央黨部以及行政長官公署之間的公文往來，掌握國民黨曾經多次指示行政院向長官公署下令，要求將日產戲院撥歸黨營的證據。參見陳宛妤，〈論接收日產成黨產過程中的轉帳撥用問題〉，《黨產研究》第六期（二〇二一年六月），頁一五四。

Vol.
8

榮町通的時代疊影

從大倉本店到正中書局的黨產變形記

鄧慧恩

重返帝國風華十字路

翻開台北帝國大學附屬醫學專門部畢業紀念寫真冊，其中有一張攝於昭和十二年（一九三七）的珍貴照片，令人印象深刻。

照片中，幾位英姿煥發的學子，有人身著帥氣大衣，有人穿著走到哪裡都會引人注目的帝大制服，有人則穿著裝束整齊的和服搭配木屐，站姿各異，卻充滿個人風采。

他們展露著逛街的自在神情和愉悅氣氛，幾位影中人或說或笑、交頭接耳，讓人忍不住想靠近傾聽他們正在談論些什麼。畫面可見強力的閃光燈打在他們身上，一道迴異於夜幕的亮光，在地上拖出幾道長長的影子，牽引著我們的視線，往背景的各種細節看去。

畫面中的主角們或許沒有想過，這張珍貴的照片，不只留下了他們個人青春的轉

8

榮町通的時代疊影

圖 1｜大倉本店與「榮町聯合大賣出」宣傳布條。
圖片來源：王子碩

瞬顧盼，以及一座城市的風華片刻，某個意義來說，這其實也是一代台灣人站在歷史十字路口的時代縮影。

話說從頭。這幾位學生所站立的地方，是現今台北市的衡陽路與重慶南路交叉口。位於畫面左側，從高處垂掛「歳暮大賣出し」（歳暮大拍賣）宣傳布條的建築，是有著圓形塔樓的「大倉本店」。因為這張照片攝於夜晚，塔樓上頗具特色的彩繪玻璃無法呈現出來。

畫面中間偏右，可見空中懸掛著「榮町聯合大賣迣」的橫幅，想必當時這裡的商街，正在進行如同今日的「百貨週年慶」大拍賣活動吧！細看背景也可發現，店鋪的光影、街上的照明，揭示此時日夜的界線不再那麼明顯，「電火」已然點燃了台北市街。

如果真能穿越時空漫步於此，看著霓虹燈招牌閃爍，夜晚降臨的景象鋪排在眼前，我們或許也會跟當時初體驗「毛斷」（moo-tn̄g，modern）魅力的台灣人一樣，任憑眼前不斷湧現的新事物佔據心思，讓這裡宛如一條通往夢境的街路。

夢的起點，就是這棟在夜幕中以連綴燈泡勾勒出來的大倉本店，街路的中央矗立著「左側通行」的交通號誌，作為台灣交通建設、時代進步的指標，指引你徐徐往前。

沿街觀覽極具特色的商鋪與整齊的建築後，來到夢境之路的盡頭右側，在那裡等待大家的，是台灣第一家百貨公司，號稱「七重天」的菊元百貨，同樣在夜色裡被流綴的燈光拉出了摩登的模樣與氣質，跟台南林百貨一樣有著最時行的「流籠」。

隱身於照片右側的，則是日治時期曾有「民間總督」之稱的三好德三郎所經營的「辻利茶舖」。德三郎將故鄉的宇治綠茶帶來台灣推廣，也藉由現代的行銷管道與廣告把台灣的烏龍茶帶往世界舞台，像是由「日本三井物產株式會社」推出的暢銷產品「日東紅茶」，正是由辻利茶舖經銷，至今還極受歡迎。他的成功，正正顯示了當時台灣曾被視為「日本的大吉嶺」的茶產潛力。

如果對「辻利茶舖」還不太了解，那提起京都旅遊必訪的「茶寮都路里」，以及人氣冰品「宇治金時」，大家一定多少都有聽過了。「都路里」（つじり）的讀音與「辻利」相同，正是「祇園辻利」的相關企業，而「祇園辻利」的前身，便是前面提到位於台北榮町的「辻利茶舖」，目前座落於重慶南路與衡陽路交叉口的星巴克就是原址，建築也還在——沒想到這個令許多台灣旅客慕名朝聖的日本百年茶點名牌，和台灣的淵源竟然如此深厚。

大倉本店的對面是「新高堂書店」，這間書店堪稱日治時期台灣最大的書店，更有「台灣書店街始祖」之稱，由日本人村崎長昶開設經營，他是在日本初領台灣時，以陸軍省雇員的身分來台。當時的「書店」其實和現在以賣書為主的書店很不一樣，以前的書店並不是「專賣書籍」的地方，而是主打實用性的文具，書籍反而是兼賣的配角。村崎開設新高堂時，也採取同樣的經營模式，但增加了像是運動用品、樂器、手工藝品等商品，豐富書店的銷售品項藉以吸引客群。

不過，新高堂書店的崛起，更關鍵的因素還是當時周遭書店的生態與消費行為發生劇烈改變：城谷書店倒閉，新開的太陽堂書店也因資金與信用問題倒閉，並木書店因故歇業，原本在西門外的舊書店遷入榮町，因此出現了書店的聚集經濟。再加上一九〇四年日俄戰爭爆發，報導戰事的雜誌大賣，不僅雜誌一時洛陽紙貴，其他書籍的銷售也被帶動起來。[1]

一九一五年，新高堂配合台北市街屋改造，重建為紅磚造的三層樓書店，面積共有二七〇坪。嶄新的三層樓空間配置，經過縝密的商業考量設計，被賦予各自的功能與展示主題：一樓入口處，顯眼地陳列流行通俗雜誌及文具，二樓主要陳列書籍及教科書，三樓則設計成聚會與展演的空間，聽起來與當今許多書店的配置相去不遠。新高堂新樓落成後，甚至還獲得台灣瓦斯會社為廣告宣傳所提供的免費瓦斯，供給整棟樓的內外照明，晚間時刻燈火通明，非常壯觀，後來才改為電燈。[2]

面對形形色色的讀者，新高堂書店成了流行資訊的匯集站，舉凡《婦女俱樂部》、《主婦之友》、《少年俱樂部》、《少女俱樂部》、《少女之友》等各式雜誌，幾乎囊括了所有閱讀客群。村崎回憶道，當時輸入全島的圖書，泰半都由新高堂經手，每當運送書刊的船運一到，店內出版品便堆高如山。也由於同時經營零售、批發和出版，新高堂一躍成為全台首屈一指的大書店，門市更是顧客爆滿、人氣旺盛。

然而，並不是所有的書都可以在新高堂買到。像是在東京內地受到知識分子歡迎的《中央公論》、《改造》等雜誌，因為在台灣被列為不利於台灣總督府的禁書，書店自然不會陳列販賣。換言之，新高堂的銷售策略還是以販賣大眾讀物為主，利潤少、銷路不大的專門書刊或是思想性的讀物，還是只能到日本內地購買。

新高堂的另一個財源，是近乎壟斷了台灣島內學校的教科書市場。無論是小學校、公學校的教科書，還是公立、私立中學、高女、商校、醫專和大學的教科書，都由新高堂供應。新高堂本身甚至就是總督府圖書館的書籍採購單位。同時，新高堂也出版官方的各式出版品，除了前述的教科書以外，各種應考的題目集冊，像是《算數受驗準備書》、《國語と算數》之類的補充教材，以及辭典、地圖等等，無所不包。許多後世藏家所喜愛的風景寫真、繪葉書（明信片），也出自新高堂。

有趣的是，位於榮町的新高堂雖然身為書店，卻也樂於參與許多街町的商業活動，「窗飾陳列競技會」是其中一種。「窗飾陳列」類似現代的櫥窗設計，這是日本由國內各大都市的百貨公司所得到的實際經驗，進而引進台灣的摩登銷售手法。不同於傳統的商店將商品放在倉庫或棚架上，顧客不能自由挑選品項，新式的陳列方式則是化被動為主動，將商品展示在顧客面前，讓顧客自由選擇喜歡的商品，也製造更多引誘顧客購買非必需日用品的機會。由於確實有效，窗飾擺列的行銷法也就此流行起來，成為吸引顧客上門的積極策略。

《台灣日日新報》上登載，參加窗飾陳列比賽，雖有日本及外國的窗飾專門雜誌可以參考，但有幾點規定仍須注意：雖然窗飾陳列要有變化，但要統一風格；必須注意背景、時節、色彩、光線和顏色；廣告詞句和圖案必須講究；店面清潔必須做好，至少一週要更換一次陳列；也須注意亭仔腳（tîng-á-kha，騎樓）的清潔管理，避免讓顧客進出時產生不良觀感。[3]這些規定說明窗飾不僅是室內設計，與室外的協調感也很重要，相當符合我們現今對日本街道的既定印象。

一九二一年，參與台北市窗飾競技會的商店多達六十七間，光是在照片中的這個路口的四家商店，便有三家得獎，新高堂書店得到一等獎，大倉本店得到三等，西尾寫真機店得到等同於四等獎的「秀逸」。換句話說，逛完這個路口的商店，便飽覽了當年台北市最棒的櫥窗設計。

獲得「秀逸」賞的西尾商店寫真機店，除了販售照相機，也有沖洗照片、訂購相關材料與藥水的服務。但店主西尾靜夫不只販售照相器材，也在店內舉辦攝影展，將店內設置的暗房和休息室開放給對攝影有興趣的人使用。

西尾推廣攝影活動的用心不只於此，他甚至自己成立寫友俱樂部，舉行攝影遠足會，更特地籌備從台灣組團到日本東京的オリエンタル寫真工業會社去見學，規劃十餘日的行程，安排食宿與交通，補助團員旅費。他也曾邀請內地的寫真學校講師來台，進行全島巡迴演講。[4]這些熱心的服務與事蹟，完全可見他對攝影的喜愛與狂熱。

但是，千萬不要以為以前的寫真機店跟現在的 3C 商場或專賣店一樣，隨便就能走得進去、拿著隨意把玩、卡刷了就買。當時的照相機非常昂貴，一般人拍張照片都慎重其事，更何況是擁有一台自己的相機。所以，西尾商店對當時的平民百姓來說，真的是只能 Window shopping 看看就好的奢侈店鋪，但在窗外欣賞他們以拍攝器材或照片為重點設計出來的得獎櫥窗，應該也是非常過癮享受的事情吧？

介紹完周邊鄰居之後，讓我們回到照片中華麗得讓人無法別開視線的主角「大倉本店」。還記得在第三章的「警察會館宿泊記」當中，那位從台東來的警察在正式餐會前的空檔，去哪裡買伴手禮嗎？他的採買目的地，正是榮町著名的地標，也就是照片中所見的這棟「大倉本店」。

出身岡山的店主大倉幸三，和新高堂主人村崎長昶一樣，都是日本初領台灣時以陸軍傭員身分來台，後來辭官開設大倉本店。大倉本店以賣鞋履起家，初期名為「大倉履物店」，販售一種有毛氈附件的草鞋，耐用、防水而堅實，品質優良大受市場歡迎。[5]後來，大倉本店的銷售品項擴及和洋雜貨和煙草、漆器等，都是相當適合擺飾的商品，所以相當熱衷於參與前文提到的窗飾競賽。

在一張模糊的報紙照片中，可以勉強一窺大倉本店一九二五年時得獎的櫥窗設計。當時適逢台北橋通車，櫥窗背景便以「高砂都市橋上的三對夫妻」為主題，這三對夫妻對應的是當時住在台灣島上的三種族群：番人[6]、本島人與內地人。畫面中有三對夫妻正在渡橋，橋邊水面有帆船，天空上方有飛機飛翔而過，而草履、木屐等商

圖 2｜大倉本店店主——大倉幸三
圖片來源：內藤龍平編，《台灣四十年回顧》

圖 3｜大倉本店 1925 年得獎的櫥窗設計。

品則裝飾成橋下的船，分別標上價錢，頗具巧思。

這幾間著名地標商店的所在地——榮町，不僅從照片中就能感覺到其先進摩登的氣氛，在日治時期畫家鄉原古統的筆下，更是煥發著歐風又現代的新氣息。鄉原古統曾經繪製一系列以台北市著名景點為主題的《台北名所圖繪十二景》膠彩畫，其中一幅名為「榮町通」，正是以大倉本店的歐風典雅塔樓為畫面主構圖，畫中兩肩擔扁擔的賣菜郎、穿制服的學生與少女、推嬰兒車的和服婦人、戴禮帽的西服紳士、撐陽傘的仕女……所有的人物與細節，烘托出有著「台北銀座」美譽的榮町樣貌，不言可喻的現代性，透過腳踏車、日式三輪車、公車等多樣交通工具，從畫面流洩出來。

然而，在日本戰敗後，這個十字路口的四家經典商店，各自走向了不同的命運。最幸運的當屬辻利茶舖，原址幾經波折，現在成為文青旅客停留駐足的咖啡店，至少和原本的產業相去不遠。置身其中，旅客還能感受到建物特有的時代風情，好像古蹟！

西尾寫真機店，後來曾是一間交通便利、常舉辦藝文活動的城中連鎖書店，但如今也只能留在人們的記憶裡。至於日本時代掌管內地圖書進口、教科書與官方出版品事業的新高堂書店，店主人村崎長昶黯然離開台灣，書店後來成了「東方出版社」，營運方向非常類似，只是服務的已是另一個政權。

最令人意想不到的，莫過於在意氣風發的青年們背後，那棟夜色中閃爍繁華的大

圖 4｜鄉原古統，《台北名所繪畫十二景》中〈榮町通〉一圖，創作年代 1920S，尺寸：21.7 × 18.7 cm，媒材技術：膠彩、紙，類別：水墨，台北市立美術館典藏。

倉本店，最後竟成了黨營事業「正中書局」。

東方出版社的新國語工程

經歷了二次世界大戰，從戰前跨越到戰後，從戰敗國殖民地成為戰勝國的一員，台灣的知識分子不僅在政治、文化跟認同上要遭逢重大翻轉，在日常語言方面，更是得面對嚴重的「跨語」障礙。

日本時代經歷同化、皇民化政策後，台灣人其實已經跨語一次，從自己的母語進入殖民者的日語。但戰前熟習的日語，到了戰後成為敵國的語言、奴化的象徵、被殖民的恥辱標記，必須全面捨棄，慣常閱讀、書寫、溝通的語言一夕之間變易，得改就新的「北京話」作為國語。許多經歷日本時代的作家到了戰後，只能被迫成為「失語的一代」，部分跨過語言障礙的作家，則以譯者的身分投入兒少叢書的改寫與翻譯，努力弭平文化的溝壑。

在這樣的時代背景下，一九四五年十月，游彌堅、林呈祿、范壽康等人，接手新高堂書店，共同創辦東方出版社，由具有中國經驗的游彌堅任總負責人兼總編輯，戰前曾擔任《台灣民報》主筆的林呈祿則擔任社長。這幢與總督府同年落成的荷蘭式三層樓建築，經歷台北大空襲的轟炸，三樓屋頂被炸穿，留下滿地碎玻璃，彷彿預告了伴隨戰火而來的文化斷層，以及各種破裂必須癒合療傷的命運。

出版社創立初期，時逢台灣剛脫離殖民統治後的特殊時期。游彌堅受國民政府指派，以財政特派員的身分回到台灣，主持財政金融機構的接收事宜。他認為，要填補台灣經過日治時期造成的文化斷層，首要面對的就是文化紮根的問題。所以，東方出版社甫創立，就以配合國語教育為己任，把出版目標與市場定位在少年兒童讀物。

早期出版社的圖書銷售，除了店面零售、書籍批發等方式外，為服務其他地區讀者而開設郵政劃撥購書服務，也是非常重要的管道。因此，出版社一創立便即刻註冊了郵政劃撥帳號。東方出版社的郵政劃撥帳號，是僅次於郵政總局的「二號」，除了可見其歷史悠久，事實上也是一種隱微的傳承——日治時期新高堂書店的劃撥帳號（當時稱為「振替」）即為台灣二番。

東方出版社在一九四七年率先出版的第一本書是「國語字典」，以日語說明字義，如果放在現在的書店架上，它應該叫做「漢和字典」比較名副其實。出版的功能和目的很明確，就是幫助曾經受過日本統治、熟習日語的台灣人學習新的「國語」。

一九四七到一九四九年間，和戰前新高堂書店獨家的教科書生意非常類似，東方出版社編印國校學童使用的「暑假小朋友」和「寒假作業簿」，發行量遍及全省。由於學習中文是當時求學、求職的最大需求，因應此類需求而編寫的工具書、教科書，自然是供不應求。諸如《機械用語新字典》、《初中國文自修輔導》、《高小國語自修指導》等書籍，都是東方出版社以教材、自修書為概念而編寫的出版品。只是，和新高堂書店的壟斷盛況不同，東方出版社在教科書的市場並未因先前的洞燭機先而佔有優勢，只能出版輔助教材的周邊出版品。

一九六〇年代，東方出版社出版的兒少叢書，是許多人的閱讀啟蒙讀物，很多人可能都是藉由東方出版社首次接觸到「世界文學」，初次認識俠盜亞森・羅蘋和名偵探福爾摩斯，以及堪為少年楷模的「世界偉人傳記叢書」、足以陶冶品性的「世界少年文學選集」、促進倫理道德觀念的「中國少年通俗小說」等等。

這些作品都由中文寫成，附上注音與插圖便於兒少讀者閱讀。但這些於一九六〇年代出版的四大兒童叢書，亦即「世界偉人傳記叢書」、「世界少年文學選集」、「亞森・羅蘋全集」、「福爾摩斯全集」，大多是由日文改寫本譯為中文而來。根據學者賴慈芸教授的研究，「世界偉人傳記叢書」的譯本來自偕成社的「偉人物語文庫」；「世界少年文學選集」主要根據講談社的「世界名作全集」和偕成社的「世界名作文庫」這兩套書；至於「亞森・羅蘋全集」和「福爾摩斯全集」則是由ポプラ社出版。[7]

在版權觀念尚未明晰的時代，東方出版社初期譯寫的相關叢書，固然有其引介經典、譯介思潮的意義，但其中也都有試圖「去日本化、再中國化」的痕跡，諸如將日文改寫本所附的大事記年表，去除日本年號欄之後，再將全部的西元紀年改以民國為基準，因此出現了一些令人匪夷所思的現象，像是孔子的生年從魯襄公二十一年變成「民元前二四六二年」之類的案例。

這一方面顯示當時的文化從業者急切向中華民國政權靠攏的心態，同時也突顯了當時編寫出版物，從意識形態到用字遣詞的慎小謹微。在過去，小至私人住家懸掛的日本時代獎狀、匾額、木牌，大至公領域留下的建築裝飾、橋樑建物、紀念碑等等，只要有日本年號、帶有日式風格者，都在被批判、消滅的範圍中。一九五二年，台灣省建設廳就以「有礙觀瞻」、「有違國體」、「影響民族意識至大」為理由，要求塗毀橋樑或建築物上的大正、昭和年號，改為中華民國，「藉以消滅日據時期統治的痕跡」。同年十一月，省政府交通處公路局再次就省公路建築物紀年，統一要求依照中華民國年號改正，也就是民國以前應該更名為「民國前×年」。[8] 在出版品動輒遭禁的年代，許多現今看來荒謬的現象，恐怕不只是台灣人想擺脫殖民時代身為奴隸的焦慮而已，更多的是配合相關政策的恐懼與無奈。

正中書局的「敵偽出版業」收復計畫

東方出版社的創立，見證台灣人在歷史洪流中背負中華文化的沉重課題。但街道對面的大倉本店，則是更為直接地迎來正中書局從中國到台灣成立分局的「收復」。

第二次世界大戰後，日產接收的問題不僅台灣獨有，在中國也是屢見不鮮。日產依照當時《敵偽產業處理辦法》的規定，是由「資源管理委員會」統一管理。但在黨國不分的訓政時期，中國國民黨的各級黨部預算，也都掛列在政府預算裡面。也因此，國民黨的機構可以比照政府機關，藉由「轉帳撥用」的方式來向政府申請房產使用。而戰後政府接收的日產，亦即所謂的「敵偽資產」，也在轉帳撥用的範圍內。

戰後復員南京後，正中書局就以「轉帳撥用」的方式接收了上海、北平、青島三處印刷廠，連同原有的重慶印刷廠，此時的正中書局坐擁四所印刷廠，印刷機高達九十六部，書籍印刷生產能力居於中國首位。[9]一九四六年底，正中書局在中國各地設分局或供應所共計二十七所（其中包括台灣），勢力遍及南北各大城市。

不過，正中書局在中國接收日產，倒也不是每一件都心想事成、手到擒來。一九四八年五月，正中書局在瀋陽，透過中國國民黨中央宣傳部向國民政府提出一項申請。原本正中書局與資委會東北辦事處等幾個機關，共同使用原日產「滿洲實業振與株式會社」的三層大樓與附屬建築，但正中書局後來卻呈請國民黨中央宣傳部向政府申請轉帳撥用全棟大樓。換言之，正中書局不滿足於和其他政府機關共享，只能借用其中數間房間，而是想排除其他使用者，把整棟大樓都變成自己所有。

這件事由行政院長張羣向國民政府主席蔣介石上簽呈稟報，說明該棟大樓位於瀋陽市商業區，建物「規模宏大」，「全部鐵筋洋灰」建成，目前由各政府機關單位共用。但這些機關單位沒有其他合適的房產可供辦公，對於正中書局「得隴望蜀」，要求將全棟大樓以轉帳撥用方式全權使用的野心，張羣顯然相當不以為然。

行政院方面除了表達不同意正中書局此次的轉帳撥用外，還呈請撤銷正中書局在這棟大樓中原先所使用的那幾間房間。這份申請的結果，是國民政府主席同意行政院所請，將該棟大樓轉帳撥用給資源委員會使用，並撤銷正中書局透過國民黨中央宣傳部所遞交的轉帳撥用全棟大樓之申請。

與瀋陽的經驗相比，正中書局在台北的接收顯然順利很多。一九四五年，中國國民黨中央宣傳部台灣特派員代電給台灣省行政長官公署，說明正中書局在各戰區的印刷機構，因為戰事被敵方沒收，損失慘重，因此各收復區的「敵偽出版業財產」應撥給正中書局應用，台灣區接收後也應如此辦理。[10]

一九四六年，正中書局經理沈祖穆向台灣省行政長官公署（後稱長官公署）上簽，表示奉總裁批准，並由侍從室以侍祕字第二九六七一號電知行政院及中宣部分令各主管機關，協助正中書局來台籌設分局。

正中書局有三個需求：第一，因應台灣學生即將開學，已在上海印妥的教科書及參考書二十噸，約百餘萬冊出版品抵台後沒有倉庫可以儲存，希望徵借已經被接收，印刷機件已經遷徙完，只剩空屋的松浦印刷工廠作為倉庫。第二，他們鎖定位於榮町的三省堂書店，由於在上海的三通書店與三省堂一樣，都出版為敵偽宣傳的工具，既然上海三通書局已被正中書局接收，那台灣的三省堂也應該照樣辦理。第三，因為在中國印書的成本高出五十%，正中書局因此計畫在台灣本地印刷教科書，需要撥借オフセット印刷機與相關配件。

在另一份簽呈中，正中書局的門市「候選名單」除了三省堂書店，首次出現了同樣位在榮町的「大倉本店」。此外，正中書局還點名新起町的三宅印刷廠、建成町的栗田商行印刷廠（當時已改為隆泰印刷股份有限公司），這兩間印刷廠各有兩架印刷機，要求派員協助徵備機材與店廠、家具，而且書棧（書架）和宿舍等項「亦請酌撥」。[11]

後來，在中國國民黨台灣省黨部主任委員李翼中致長官公署財政處的函中，拍定了大倉本店地址適中，可作門市營業及辦公用途，決定連同前文提到的三宅、栗田印刷廠等三處房屋、器材、家具，全數徵作正中書局開業之用。

無奈又諷刺的是，戰後因應開學之需印行「國定課本」的印刷設備，竟是從戰前台灣的日產取得。黨國政府為正中書局建構出「對肅清的敵偽遺毒，重建本省文化負有重要責任」的形象[12]，直接傾壓在台灣人的榮町記憶之上。至於曾為台北銀座重要地景的大倉本店，也在一九四六年一月收到書面通知，告知即將被徵作正中書局門市，限於文到七日內遷出。

對於店主人大倉幸三而言，這紙通知書，這些轉變，想必充滿了太多歷史的顛簸與命運的徬徨。因為前一年，他才剛受邀寫下〈夫婦頑健で金婚式〉一文，敘述他的生命記事，與妻子胼手胝足在異鄉創業、互相照應，身體健康地度過五十年婚姻生活的歷程，兼以紀念日本領台五十年，收錄於《始政五十年台灣草創史》這本書當中。

這篇文章還回顧了他在岡山加入軍隊，加入日清戰爭而出征遼東半島，轉而來台灣，在基隆登陸後，連台北也沒停留，一路直往恆春鎮壓亂事的經歷。後來辭去軍職，先在表町開雜貨店，然後才移往榮町。大倉本店開幕，正值圓山的台灣神社落成，一切是那麼巧合。他當年也曾探訪從清國時期就存在的鵝鑾鼻燈塔，文章落筆之時，燈塔仍然原樣留存，沒有改變。

但當大倉寫完這篇文章後，一切都不一樣了。

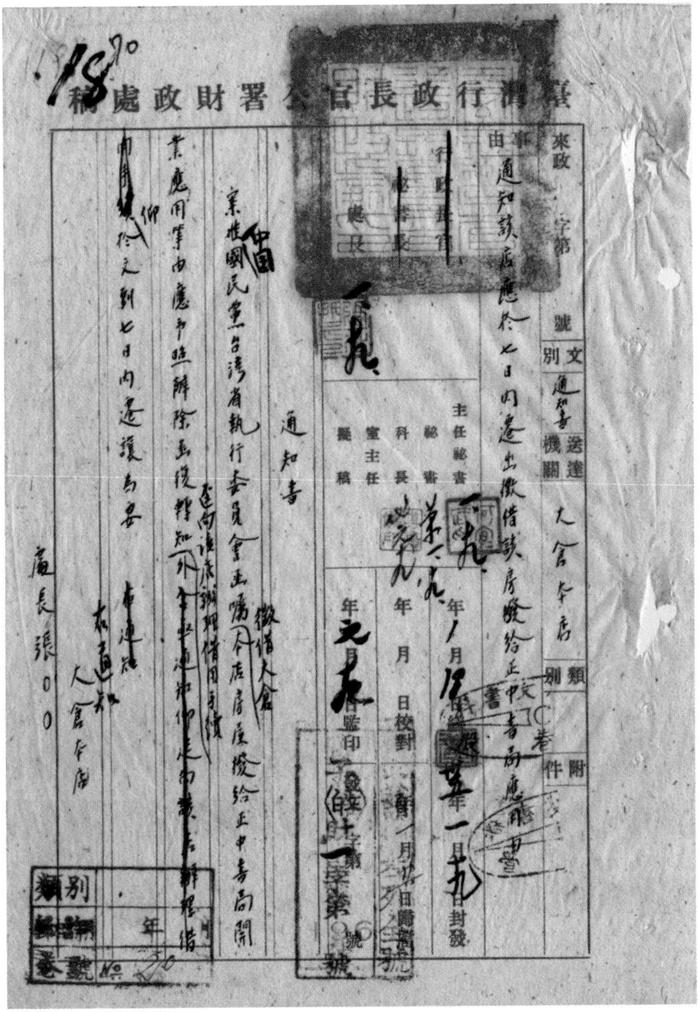
臺灣行政長官公署財政處稿

事由：通知該店應於七日內遷出徵借該房屋給正中書局應用

通知書

案准中國國民黨台灣省執行委員會函囑徵借大倉本店房屋撥給正中書局開業應用等由應予照辦除函復暨分行知外合行通知仰該店於文到七日內遷讓為要

此通知

大倉本店

處長張○○

圖 5 ｜限大倉本店於文到七日內遷走的公文稿。
圖片來源：「正中書局徵借大倉本店案」（1946-01-15），〈各機關宿舍設備支配卷〉，《台灣省行政長官公署》，國史館台灣文獻館，數位典藏號：00301710032018。

一九四四年十月，有飛機失事墜落在台灣神宮附近，引發大火，燒毀神社主要建築。一九四四年十二月三十一日，這本《始政五十年台灣草創史》由大倉本店對面的新高堂書店出版，但一九四五年八月十五日，日本帝國便宣佈向同盟國無條件投降。改朝換代後的一九四六年一月，大倉本店便收到了這紙限七日內遷走的通知。

這一切，恐怕是大倉寫下金婚感想時，始料未及的事。

不過，對台灣人而言，歷史的發展，始料未及的事情，或許更多。

大倉本店被徵用為正中書局，從此從榮町的繁華風景中走入歷史的角落，但這段歷史在正中書局的紀錄中卻隻字未提，一代名店成為中國國民黨的黨產書局，一面印製教科書獨佔市場，一面宣傳台灣為收復地區，有奴化思想，亟需清除，讓失語的一代終究在語言政策、圖書檢閱制度與種種禁錮中，成為噤語的一代。而對街從新高堂書店變身而成的東方出版社，承載了當時譯寫經典的隱微心緒和考量，出版了一系列膾炙人口的兒少讀物，更在一九六〇至一九八〇年代的年輕讀者之間風靡一時。但兩者最終都成為改建大樓底下破碎的塵埃和土屑，榮町通上曾經的美好記憶灰飛煙滅。

後來，重慶南路的商家因應需求，書店一家一家地百花齊放，成了許多學子曾經流連、頗富盛名的書店街。但時代依舊不斷在改變，閱讀習慣與媒體的消長、網路書店的崛起、實體書店關閉遷移，再度改變了重慶南路的面貌。現在的重慶南路已不能

8

榮町通的時代疊影

再叫做書店街，取而代之的是一家又一家的旅館，陳列的不再是書，而是來自各地準備翻閱台北、探索台灣，或是等著被閱讀的旅人心情，形形色色地點綴著這裡。在歷史上留下名字的東方出版社、正中書局，如今雖猶在，但也都搬離了這條路。

每當我走在這條路上，總會想起曾經讀過的一本關於現代性的書，感受到書名《一切堅固的東西都煙消雲散了》（*All that is solid melts into air*）當中的蒼茫之感。在我的心中，始終難忘一張照片、一個場景、一群狂放不羈的年輕人與他們的臉龐，在我眼前與當今的街頭建物，產生歷史的疊影。

註釋

1 蔡盛琦，〈新高堂書店：日治時期台灣最大的書店〉，《國立中央圖書館台灣分館館刊》第九卷第四期（二〇〇三年十二月）。

2 村崎長昶，《記憶をたどって八十年の回顧録》（東京：西田書店，一九八三年），頁四五—五〇。

3 〈窓飾陳列に就て〉，《台灣日日新報》一九一七年六月十日，第三版。

4 〈東京オ社見學團　參加者募集中〉，《台灣日日新報》一九二九年四月十八日，第二版。

5 〈新案草履〉，《台灣日日新報》，一九二二年十一月二十六日，第七版。

6 此處為表日本時代語境及用語，並無歧視冒犯之意，謹此說明。

7 「亞森・羅蘋全集」的翻譯來源是南洋一郎改寫的《怪盜ルパン全集》，「福爾摩斯全集」則來自山中峯太郎改寫的《名探偵ホームズ全集》。可參閱：賴慈芸，〈被遺忘的功臣：東方出版社背後的日文改寫者〉，《東亞觀念史集刊》第八期，二〇一五年，頁九—五〇。

8 吳俊瑩，〈如何稱呼台灣史上的「日本時代」？兼論戰後日式紀年與意象的清除與整理〉，《台灣文獻》第六五卷第三期（二〇一四年九月），頁七五。

9 正中書局編，《正中書局六十年》（台北：正中書局，一九九一年），頁二一五—二一七。

10 「請將各地沒收之敵偽出版業財產撥給正中書局案」（1945-11-03），〈接收日人公私產業及其處理辦法〉，《台灣省行政長官公署》，國史館台灣文獻館，典藏號：00326600005014。

11 「正中書局經理沈祖穆請撥借房屋案」（1946-02-14），〈正中書局撥借房屋〉，《台灣省行政長官公署》，國史館台灣文獻館，典藏號：00326640012001。

12 「正中書局徵借大倉本店案」（1946-01-15），〈各機關宿舍設備支配卷〉，《台灣省行政長官公署》，國史館台灣文獻館，典藏號：00301710032018。

國家圖書館出版品預行編目 (CIP) 資料

黨產偵探旅行團 / 鄧慧恩 , 陳秀玲 , 白春燕 , 蔡佩家 , 陳宇威撰文 ; 鄭清鴻主編 . -- 初版 . -- 台北市 : 前衛出版社 , 2022.11
面； 公分
ISBN 978-626-7076-72-9(平裝)

1.CST: 政黨 2.CST: 財產 3.CST: 史料 4.CST: 台灣

576.85 111015744

黨產偵探旅行團

策　　劃　不當黨產處理委員會
撰　　文　鄧慧恩、陳秀玲、白春燕、蔡佩家、陳宇威
校　　對　徐　元、鄧慧恩、陳秀玲、白春燕、蔡佩家、陳宇威
研究企劃　朗活文化有限公司
專案執行　廖斯泙

主　　編　鄭清鴻
文字編修　鄭清鴻
責任編輯　邱芊樺
美術編輯　李偉涵
封面設計　兒日設計

合作出版　前衛出版社
出版總監：林文欽
地址：104056 台北市中山區農安街 153 號 4 樓之 3
電話：02-25865708 ｜傳真：02-25863758
郵撥帳號：05625551
購書・業務信箱：a4791@ms15.hinet.net
投稿・代理信箱：avanguardbook@gmail.com
官方網站：http://www.avanguard.com.tw

不當黨產處理委員會
主任委員：林峯正
地址：104095 台北市中山區松江路 85 巷 9 號 5 樓
電話：02-25097900 ｜傳真：02-25097877
官方網站：http://www.cipas.gov.tw

法律顧問　陽光百合律師事務所
總 經 銷　紅螞蟻圖書有限公司
地址：114066 台北市內湖區舊宗路二段 121 巷 19 號
電話：02-27953656 ｜傳真：02-27954100
出版日期　2022 年 11 月初版一刷
定　　價　新台幣 400 元
G P N　1011101574
I S B N　978-626-7076-72-9